プレゼンテーション演習

伊藤　　宏
福井　愛美
　　　編著

西尾　宣明
服部美樹子
水原　道子
中山　順子
　　　著

樹村房

はじめに

　「これからのオフィスワーカーに求められる最も基本的で重要な能力は，プレゼンテーション能力である」ということが，今では当たり前のように言われています。また，大学や短大・専門学校でも，特にプレゼンテーションに関連する授業でなくても，さまざまな場面で個々の，あるいはグループのプレゼンテーション能力を試される機会が増えているのではないでしょうか。

　全国大学実務教育協会においては，プレゼンテーション能力養成の重要性に鑑み，プレゼンテーション教育のカリキュラムを作成し，所定の単位を取得した学生に対して「プレゼンテーション実務士」の資格を授与しています。

　本書は，このようなプレゼンテーション能力の養成・向上のための教材として，先に上梓された『プレゼンテーション演習Ⅰ－キャンパスライフとプレゼンテーション－』および，『プレゼンテーション演習Ⅱ－オフィスライフとプレゼンテーション－』をふまえて執筆・編集されたものです。プレゼンテーション能力を学生から社会人まで，あらゆる人々が必要とする普遍的な能力と捉え，基本的な知識からさまざまな場面における応用に至るまで，段階的に学べるように構成されています。

　本書で学ぶ方々の達成段階や必要性，関心によって，学ぶ部分は自由に選択できるようになっています。

　「基礎編」では，各執筆者がそれぞれの経験を踏まえながら，プレゼンテーションに必要な知識・スキルを厳選して解説しています。

　「実践編」では，具体的な事例にもとづき，想定されるあらゆるプレゼンテーションの場面に応用ができるように工夫を凝らしています。

　本書が，プレゼンテーション能力を身につけようとする方々にとって良き入門書となり，これからのプレゼンテーション教育に少しでも貢献できれば，執筆者一同の喜びとするところであります。

　本書をまとめるにあたり，東日本大震災後という大変な状況の中，東奔西走していただき，的確なご助言を賜りました樹村房大塚栄一社長に，心から感謝とお礼を申し上げます。

　平成23年5月吉日

執筆者一同

プレゼンテーション演習

も く じ

はじめに ……………………………………………………………………………… 3

第1部　基礎編 ────────────────────────── 11

第1章　プレゼンテーションとは ──────────────(中山)── 13
1．プレゼンテーションとは何か ………………………………………………… 13
　（1）コミュニケーションの基本 ……………………………………………… 14
　（2）プレゼンテーションの定義 ……………………………………………… 15
　（3）プレゼンテーションの種類 ……………………………………………… 16
2．プレゼンテーション能力の必要性 …………………………………………… 17
　（1）生活のあらゆるシーンにプレゼンテーション ………………………… 17
　（2）伝える力 …………………………………………………………………… 18
3．プレゼンテーションへの準備 ………………………………………………… 21
　（1）プレゼンテーションの準備の進め方 …………………………………… 21
　（2）準備のための注意点 ……………………………………………………… 21
　（3）プレゼンテーションの3P ………………………………………………… 23
　（4）説得力のあるプレゼンテーションを目指して ………………………… 26

第2章　ツールの種類と活用 ──────────────(水原)── 31
1．プレゼンテーションツールのいろいろ ……………………………………… 31
　（1）ツールの選び方 …………………………………………………………… 32
2．文書ツール ……………………………………………………………………… 33
　（1）レジュメ …………………………………………………………………… 33
　（2）図表・グラフ ……………………………………………………………… 34

3．ビジュアルツール ……………………………………………… 38
　　　　(1) パワーポイント ………………………………………… 38
　　　　(2) OHP・OHC …………………………………………… 39
　　　　(3) DVD …………………………………………………… 39
　　4．その他のツール ………………………………………………… 40
　　　　(1) ボード …………………………………………………… 40
　　　　(2) ポスター ………………………………………………… 41
　　　　(3) マイク …………………………………………………… 41
　　　　(4) BGM ……………………………………………………… 41

第3章　話し方の基本 ──────────────────(福井)── 43
　　1．話すときの呼吸法 ……………………………………………… 43
　　2．聞き取りやすい話し方 ………………………………………… 45
　　　　(1) はっきり発音するために ……………………………… 45
　　　　(2) 話し方のチェック ……………………………………… 47
　　3．魅力的に話すということ ……………………………………… 47
　　　　(1) 話し方の技術 …………………………………………… 47
　　4．バーバル表現とノンバーバル表現 …………………………… 52
　　　　(1) バーバル表現の三つのテクニック …………………… 53
　　　　(2) ノンバーバルの重要性 ………………………………… 53
　　　　(3) ボディランゲージを効果的に用いる ………………… 54
　　　　(4) アイコンタクトに気を配る …………………………… 55

第4章　内容の構成 ────────────────────(服部)── 57
　　1．目的の明確化 …………………………………………………… 57
　　2．伝えたいメッセージの明確化 ………………………………… 57
　　3．内容の構成 ……………………………………………………… 58
　　　　(1) 序論の役割 ……………………………………………… 59
　　　　(2) 本論の役割 ……………………………………………… 59
　　　　(3) 結論の役割 ……………………………………………… 59
　　　　(4) つなぎの言葉 …………………………………………… 60
　　4．アウトラインの作成 …………………………………………… 60

第5章　情報の収集と整理 ————————————————(伊藤)— 66
1．情報収集の基本 ———————————————————— 66
(1) 情報収集の必要性 ———————————————— 66
(2) 客観情報と主観情報 ——————————————— 66
(3) 一次情報と二次情報 ——————————————— 67
2．インターネットによる情報収集 ———————————— 68
(1) インターネットによる検索 ———————————— 68
(2) インターネット情報の種類と問題点 ———————— 68
3．インターネット以外の情報収集 ———————————— 71
(1) 文献(活字メディア) ——————————————— 71
(2) 視聴覚資料 ———————————————————— 74
(3) インタビュー・アンケート調査など ———————— 74
4．収集した情報の整理と分類 —————————————— 75
(1) 資料の規格化(標準化) —————————————— 75
(2) ファイリング —————————————————— 76
(3) リストの作成 —————————————————— 77
(4) ノートやカードの作成 ————————————— 77

第6章　資料の作成と引用・要約のルール ——————(西尾)— 79
1．資料の作成 ————————————————————— 79
(1) 資料の作成の基本 ———————————————— 79
(2) 資料の種類と選択 ———————————————— 80
(3) レジュメの作成 ————————————————— 81
(4) 提示資料の作成 ————————————————— 83
2．引用と要約 ————————————————————— 86
(1) 引用と要約とは ————————————————— 86
(2) 引用と要約のルール ——————————————— 87
3．資料とプレゼンテーション —————————————— 88
(1) 資料とプレゼンテーションの3P ————————— 88
(2) 資料の意義 ———————————————————— 89

第2部　実践編 —— 91

第1章　自己紹介と自己PR ——（中山）— 93

1．自己紹介 —— 93
　（1）自己紹介はコミュニケーションの入り口 —— 93
　（2）自己紹介は好感度獲得型プレゼンテーション —— 93
　（3）感じのいい自己紹介のヒント —— 94

2．自己PR —— 97
　（1）自己PRで何をPRするのか —— 97
　（2）自分の強みをまとめる —— 98
　（3）自己PRの構成 —— 102

第2章　アカデミック・プレゼンテーション ——（伊藤）— 105

1．アカデミック・プレゼンテーション —— 105
　（1）アカデミック・プレゼンテーションとは —— 105
　（2）アカデミック・プレゼンテーションの特徴 —— 106

2．ゼミ発表や卒業研究発表を成功させる —— 106
　（1）ゼミ発表のパターン —— 106
　（2）ゼミ発表の前提条件（3P）—— 107
　（3）ゼミ発表のポイント —— 108
　（4）ゼミ発表後の質疑応答 —— 108

3．テーマ発表の実践例 —— 109
4．中間発表の実践例 —— 112
5．成果発表の実践例 —— 116

第3章　QCとポスターセッション ——（水原）— 120

1．QCとQCサークル —— 120
　（1）QC手法としてのプレゼンテーション —— 120

2．ポスターセッション —— 125
　（1）展示型ポスターセッション —— 125

（2）発表型ポスターセッション ………………………………………… 125
　　（3）ポスター作成のポイント …………………………………………… 127

第4章　セールストーク ──────────────────（福井）── 128
　1．セールストークの重要性 ………………………………………………… 128
　　（1）プレゼンテーションとの関係 ……………………………………… 128
　　（2）顧客とセールストーク ……………………………………………… 129
　　（3）顧客の状況を理解する ……………………………………………… 130
　2．セールストークの基本 …………………………………………………… 131
　　（1）セールストークの準備 ……………………………………………… 131
　　（2）成功するセールストーク …………………………………………… 132
　　（3）顧客の購買心理 ……………………………………………………… 133
　3．セールストークの構成 …………………………………………………… 134
　　（1）三段構成の内容 ……………………………………………………… 134
　4．セールストーク実例 ……………………………………………………… 136
　　（1）よい例と悪い例 ……………………………………………………… 136

第5章　企画・提案のためのプレゼンテーション ──────（服部）── 144
　1．企画・提案とは …………………………………………………………… 144
　2．企画・提案の作成要領 …………………………………………………… 144
　3．企画・提案の構成 ………………………………………………………… 145

第6章　ディベート・ディスカッション・ミーティング ────（西尾）── 151
　1．ディベートとディスカッション ………………………………………… 151
　　（1）ディベートとディスカッションの違い …………………………… 151
　　（2）ディベートのルールと方法 ………………………………………… 153
　　（3）ディベートの審査と判定 …………………………………………… 155
　2．ミーティング ……………………………………………………………… 157
　　（1）ミーティングとは …………………………………………………… 157
　　（2）ミーティングの種類と注意点 ……………………………………… 158

参考文献 …………………………………………………………………………… 159

第1部

基礎編

基礎編では，プレゼンテーションを行うために必要な基本的な事柄を学ぶ。
プレゼンテーションの目的とその重要性，
どのようなツールを使うのか，どのような話し方が必要なのか，
さらに，プレゼンテーションの構成の仕方，
情報収集の方法や資料の扱い方などを取り上げている。
プレゼンテーション初心者の人は，まずこれらの基本についてよく学習してほしい。
プレゼンテーションにある程度慣れている人にとっては，
自分のプレゼンテーションを
よりよいものにするために基礎を確認してみてほしい。

第1章 プレゼンテーションとは

1. プレゼンテーションとは何か

　プレゼンテーションとは，一言でいえば，コミュニケーションの一つの種類である。
　では，コミュニケーションとは何だろう。大辞泉で「コミュニケーション」(communication) を引いてみると，「社会生活を営む人間が互いに意思や感情，思考を伝達し合うこと。言語・文字・身振りなどを媒介として行われる」とある。情報の伝達，連絡，通信の意味だけでなく，意思の疎通，心の通い合いという意味でも使われる。自分が感じたり，考えたりしていることを，主に言語に置き換える形で，メッセージとして他者に伝える行為である。
　プレゼンテーションは，発信者（話し手）と受信者（聞き手）が存在し，多くの場合，一人で大勢の人に「話す」ことで情報の発信をする伝達の形態の一つなのである。双方向のコミュニケーションに対して，一方向的でもあるのがプレゼンテーションである。

コミュニケーションのコンテクスト

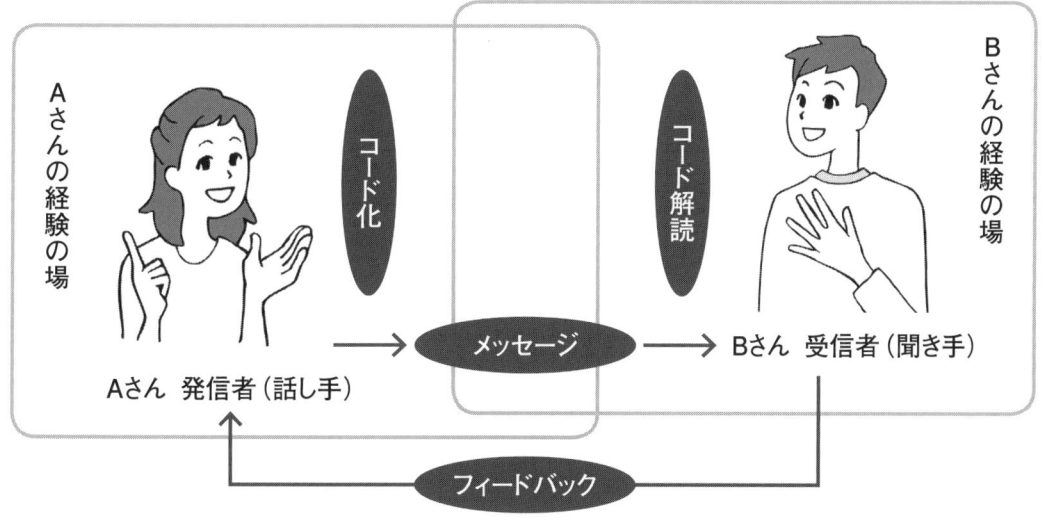

(1) コミュニケーションの基本

プレゼンテーションについて学ぶうえでは，先にコミュニケーションについて理解しておく必要がある。

① コミュニケーションの基礎用語

次表は前頁の図に出てくる，基本的なコミュニケーション関連用語である。

- a．メッセージ　　　　伝達する内容
- b．発信者　　　　　　話し手，メッセージを伝える人
- c．受信者　　　　　　聞き手，メッセージを受け取る人
- d．コード化　　　　　概念を記号（多くの場合，言葉）に置き換えること
- e．解読　　　　　　　コード（記号）化されたメッセージを解釈すること
- f．コンテクスト　　　コミュニケーションの背景にある文脈のこと
- g．フィードバック　　メッセージを受け取った人が送り手に返す反応のこと

　発信者（話し手）は，メッセージ（伝達事項）を受信者（聞き手）に送る。発信者は自分が伝えたい概念を言葉に置き換えるコード化（記号化）をして声に出して話す。受信者はメッセージを耳で聞いて，自分の中にある知識や考え方をもとに解読するのである。メッセージがどのように解読され，認知・解釈されるかは受け手次第といえる。

　このときの，発信者・受信者それぞれがもっている，ものごとの概念，解釈の枠組みがコード（code＝記号）である。一つの言葉に対して，双方が同じ解釈の土俵に立って，共通のイメージを持ち合わせていれば，話が通じているという状況になる。

　ローマン・ヤーコブソンによる，「コミュニケーションで最も大切なことは，自分の伝えたいことが聞き手に正しく伝達されているかどうか」ということなのである。

　コンテクスト（context）とは，日本語では文脈と訳されるが，コミュニケーションの場合は，メッセージの背景にある状況のことで，場所・場面と規定される。

　例えば，「まとまったお金が必要」というメッセージに対して，どのくらいの金額を思い浮かべるか。自分にとっては1万円ぐらいからがまとまったお金と感じる人もいるだろうし，事業を展開している人であれば億単位，高度先進医療の治療を希望する人なら数百万円から数千万円を想定するかもしれない。

このようにコンテクストが異なると，メッセージの意味や目的が全く違ってくるのである。

② 話の機能と役割

人と会話をする，話をするという行為には，以下に示すような，話そのものが担う機能と役割がある。私たちは，日ごろから意識しないで何気なく使い分けているが，発信者が受信者に期待する効果のことである。

話の機能と役割

a．あいさつ・会話を交わす　　人間関係をつくる
b．報告する　　　　　　　　　知らせる，周知させる
c．説明する　　　　　　　　　わからせる
d．説得する　　　　　　　　　させる
e．忠告する　　　　　　　　　あらためさせる

プレゼンテーションには説得するという機能があり，発信者の説明によって受信者にわからせるだけではなく，受信者の同意を得て，その先にある何らかを「取り入れさせる」という役割を担っている。

具体的には，話し手のプレゼンテーションにより，聞き手が（物を）購入したり，（企画などを）採用するといった行為につながれば，そのプレゼンテーションの最終目標が達成されたことになり，成功したということになる。

（2）プレゼンテーションの定義

プレゼンテーションという言葉は，もともとは主に広告業界で使われていた用語である。広告代理店の場合，クライアント（取引先＝広告主）に対し，宣伝広告の企画を提案し，採用してもらうことで，ビジネスを成立させることを最終目的にした発表の一つの手法であり，提示・提案の意味で，ビジネスに関連した比較的狭い範囲で定義されていた。

現代社会においては，プレゼンテーションの定義は広義に拡大し，社会におけるさまざまな場面での「表現活動」と捉えられている。

以下に，福永弘之の示す，プレゼンテーションの定義を引用する。

「話し手が，あらゆる場所で，ある目的をもって，一定の限られた時間の中で，視聴覚機材などの助けを借りて，情報を伝達し，さらに説得したり，論証を行って，聞き手の判断や意思決定を助け，進んで行動を起こすことを促すコミュニケーションである」。

今日では，受け手に対するお知らせや周知してもらうための説明や発表であっても，プレゼンテーションと言うようになり，社会人全般にいきわたり，学生も使うようになっている。

（3）プレゼンテーションの種類

前述したように，もともとプレゼンテーションといえば，ビジネス・プレゼンテーションのイメージがある。ビジネスで発信される情報は，提示や提案といった性格を持ち合わせていて，受信者に「売り込み」を連想させる。しかしながら現在では，プレゼンテーションはビジネスに関連したものだけに限らず，自分の意見や学説についての発表，説明など，一般的なものと捉えられてきている。

プレゼンテーションの種類

a．説得型プレゼンテーション ＝ 提案型プレゼンテーション
　　聞き手に企画案や商品などを，取入れさせたり，購入させるなど，最終的に聞き手に行動を起こさせることを目的としている。
　　例：ビジネス・プレゼンテーションなど。
b．説明型プレゼンテーション ＝ 情報伝達型プレゼンテーション
　　聞き手に情報を知らせて，内容を周知，理解させることを目的としている。
　　例：オリエンテーション，報告会，説明会など。
c．論証型プレゼンテーション ＝ アカデミック・プレゼンテーション，テクニカル
　　　　　　　　　　　　　　　・プレゼンテーション
　　自分の意見や学説などについて，その内容を周知させ，正当性を証明することを目的としている。聞き手（参加者）と話し手（発表者）との質疑応答，意見交換を想定した研究発表などがある。
　　例：研究発表・学術発表・学会発表など。
d．説得型＋説明型の複合・連動型
　　先に情報伝達を目的にした「説明型」のプレゼンテーションを行い，聞き手に

　　　　内容を十分に理解させる。
　　　　　次に行動を促す目的で「説得型」のプレゼンテーションを行う。
　　　　　例：企業において，重要なプロジェクトの内容や計画などをプレゼンテーショ
　　　　　　ンする場合がこれにあたる。
e．論証型＋説得型の複合・連動型
　　　　先に自分の学問的見解を周知させる目的で「論証型」のプレゼンテーションを
　　　行う。
　　　　次に具体的行動を促す目的で「説得型」のプレゼンテーションへと移行する。
　　　　例：エコロジー関連の学会発表や，核兵器の脅威を検証したうえで，具体的行
　　　　　　動を訴える平和学の学会発表などが挙げられる。

2．プレゼンテーション能力の必要性

（1）生活のあらゆるシーンにプレゼンテーション

　ビジネスの現場でのプレゼンテーションは，クライアントに対して提案をすることはもとより，社内でも企業環境を取り巻く社会情勢の変化を背景に，企業活動の多角化としての新規事業や異業種への参入，新システムの導入，業務の改善提案など，さまざまなプレゼンテーションが行われている。ビジネスシーンはまさに，プレゼンテーションの連続といえるだろう。
　前述したプレゼンテーションの定義のように，社会におけるさまざまな場面での「表現活動」という捉え方をして，人前で説明することがプレゼンテーションである，ということであれば，学校や地域社会，学術団体，ボランティア組織などでもプレゼンテーションの機会は増えるばかりである。町内会の集まりで説明することも，主婦を対象にした習い事や講習会で説明することもプレゼンテーションである。
　学生のキャンパスライフに視線を向けてみても，部活動での説明や発表，ゼミや卒業研究の発表など，プレゼンテーションの機会は多い。
　また，就職活動や転職活動における面接で，採用を勝ち取るために，自身をアピールし，自己ＰＲすることは自分自身をプレゼンテーションすることであり，プレゼンテーション

の最たるものであろう。

（2）伝える力

① 話せばわかるとは限らない

コミュニケーションの基本として認識しておきたいことは、「そのままでは、伝わらない」ということと「話の決定権は聞き手にある」ということの2点である。

「そのままでは、伝わらない」とは、正しく伝えるために工夫が必要ということである。わかりやすかったのか、わかりにくかったのか、おもしろかったのか、つまらなかったのかなど、話のウマイ、ヘタは「聞き手（受信者）が判断する」ということである。

column

　欧米人の話し方は論理的、日本人の話し方はまわりくどい、などと言われることがある。

　話し方にも文化の違いがあり、その違いは「ハイコンテクスト文化」と「ローコンテクスト文化」と定義されている。日本は世界でもトップクラスのハイコンテクスト文化である。日本のハイコンテクスト文化の対極にあるローコンテクスト文化では、ドイツ・ドイツ系スイスが挙げられる。

　コンテクストとは、コミュニケーションをとるうえで、人と人とが共通して持っている基盤のようなもので、「言葉、知識、経験、価値観、嗜好」などのことである。

　ハイコンテクスト文化であればあるほど、論理的に一から十まで伝えなくても、暗黙の了解事項が多く、お互いの考えがわかる状態になる。つまり、「あ・うんの呼吸」で通じてしまう文化といえる。

　「あ・うんの呼吸」で通じていたころはよかったが、社会の情報化・グローバル化の進展によって、人々の価値観は多様化し、企業においては、外国人とのコミュニケーションの機会が増え、仕事の進め方も欧米化してきた。

　なんとなく、言いたいことをわかってもらえるだろうという考え方では、もはや通用しなくなってきている。自分の考えをわかりやすく説明できるコミュニケーション能力やプレゼンテーション能力の必要性が高まっている。

たとえば，同じ社内の日本人同士の人間関係に目を向けてみると，管理職と新入社員がそれぞれに，「あの新人にはこちらの言っていることが理解できていない，能力的に大丈夫なのか」「上司の言うことは，なにが言いたいのかわからない」と双方が感じているのかも知れない。

まずは，話し手は聞き手に伝わる話の構成を意識すること，特にビジネス上での話し方は，聞き手の立場に立った話し方でなくてはならない。

② プレゼンテーションには総合力が必要「読む・書く力と聞く・話す力」

長らく日本の教育では，いわゆる読み・書き・そろばん（計算）といわれるように，インプット中心の教育を続けてきた。おかげで日本語の読み書きだけにとどまらず，英語の読み書きもできたり，暮らしの中での計算や暗算もある程度はできる。

ところが，人の話を「この人は何が言いたいのだろう」と注意して話を聞く，つまり「傾聴する」といったことや，人前でわかりやすく話すことのように，アウトプットする訓練の機会はほとんど無かった。

現代社会に暮らす私たちは，生活のあらゆるシーンでプレゼンテーションの機会に遭遇

プレゼンテーションには総合力が必要

目的設定力
内容構成力

内容
Content

情報収集力
資料デザイン力
視聴覚機器操作力

資料
Design

プレゼンテーション能力

伝達
Delivery

表現力（言語・非言語）
聞き手察知・対応力
環境整備力

するようになってしまった。特にビジネスパーソンの場合，社内外において人前で話すことや人の話を傾聴することは避けて通れなくなっている。プレゼンテーション能力は当然に求められる，ビジネススキルとして定着しているのである。

column

　仕事上の話し方，職場でのコミュニケーションについて，アンケート調査をした結果の中に興味深い内容があるので紹介する。自由記入欄に，話し方の悩みや知りたいことについて，赤裸々に本音が書かれていたのである。次のコメントを参照してほしい。

・苦手意識がある人とどう話したらいいか
・相手が自分のことをどう思っているのか気になる
・話しているうちに何を話したかったのか分からなくなる
・話しやすいと思われる人になりたい
・人前で緊張せずにうまく話したい
・誤解されていないか不安だ
・間のつなぎ方が分からない
・とっさにどう切り返したらいいのか……

「仕事上の話し方，職場でのコミュニケーションについてアンケート」
ヤフー・リサーチ：全国の２０歳～３０歳代のビジネスパーソン５００人を対象

　上記のコメントにあるような，現代社会におけるビジネスパーソンが抱えるコミュニケーションで気にしていることや悩みについて，その解決法や答えを学校では教わった記憶はない。
　言い換えると，これらは状況判断力，情報解釈力，自己表現力に関する悩みや疑問，自信のなさの表出であり，すべてコミュニケーション能力に関する事柄である。

（出典：日経ビジネス アソシエ 特別編集『実践 仕事ができる人の話し方』日経ＢＰ社，2006）

3．プレゼンテーションへの準備

（1）プレゼンテーションの準備の進め方

　いよいよプレゼンテーションを行うことになり，日時と会場が決まり，その準備を進めていくことになった。プレゼンテーションの成否は，この準備段階で決定するといえるほど重要なプロセスである。
　「段取り八分」という言葉は，仕事を進める上で，事前の準備がいかに重要かを表している。プレゼンテーションも段取りをキッチリしておけば，8割は完了したも同然である。
　プレゼンテーションの準備に何が必要なのか，何からどのようにして進めていけばよいのか，準備から本番終了までのプロセスを以下に示す。

（2）準備のための注意点

①　目的を明確にする　－何のためのプレゼンテーションかー

　プレゼンテーションの準備の最初にすべきことは，プラン（構成）の作成である。事前準備の中でも「プレゼンテーションはプラン（構成）が命」といわれるほど，重要である。
　何のためにプレゼンテーションをするのか，このプレゼンテーションでは，聞き手に何を伝えたいのか，聞き手にどうしてほしいのか，つまり，このプレゼンテーションの最終的な目標を明確にして，プランを作成することである。

②　聞き手を分析する　－誰に対するプレゼンテーションかー

　次にこのプレゼンテーションは誰に対して行うのかを把握することである。
　プレゼンテーションの準備は聞き手の人数や年齢層，性質によって異なる。たとえば，同じ趣旨の内容を伝える場合でも，小学生を対象にしたイベントと専門家を対象にしたアカデミック・プレゼンテーションでは，伝える内容のレベル設定が違ってくる。
　また，話し手のプロフィールをどの程度事前に紹介しておくか，ということも聞き手を分析して，その性質によって決定する。

プレゼンテーションの準備から本番終了までの流れ

プラン作成までの前段階

① 目的を明確にする
② 聞き手を分析する
③ 場所や会場を確認する

プラン作成

④ 伝える情報のための資料収集をする
⑤ 収集した情報の分析，取捨選択して絞り込む
⑥ 提供する情報を決定する
⑦ 構成をする
　　a．トピック・サブトピックを決定する
　　b．展開順序を決める
　　c．時間配分を決める
⑧ 方法を選ぶ
⑨ 視聴覚資料を作成する
⑩ ミーティングやリハーサルを行う

服装・態度を整える

— プレゼンテーション実施 —

終了後・フィードバック

⑪ 効果を確認し，評価する

③ 場所や会場を確認する　ーどこでするプレゼンテーションかー

　プレゼンテーションを行う会場や場所は，聞き手の分析とも関係する。会場や部屋の広さ，不特定多数の人が集まる場所なのか，または特定の人が聞き手として参加するのか，話し手はどのような所で話すのかを確認して，話し方も工夫していかなければならない。

　なお，会場設営などの準備段階で，設備や使用可能な視聴覚機器も決定するだろう。

（3）プレゼンテーションの3P

　プレゼンテーションの3Pとは，プレゼンテーションを行うときの三要素である。プレゼンテーションを行う上で，どのPも押さえておきたい要素である。

Plan	＝	構成・内容
Presentation Skill	＝	話し方
Personality	＝	話し手の人柄

①　Plan ＝ 構成・内容

　プレゼンテーションを行う上で最も重要な要素である。

ⅰ．時間配分を考えて，集めた資料の取捨選択をする

　プレゼンテーションの時間に合わせて話す項目や具体例などを選択する。

ⅱ．原稿を作成する

　話す内容が決定したら，プレゼンテーションのための原稿やスピーチメモを作成する。基本的な原稿の作成方法には次のようなものがある。

　　ａ．三段構成……序論（導入）・本論（展開）・結論（むすび）の三段で構成する
　　　　　　　　　序論では話の目的や意図，話の全体像を示し，本論では，論証や証明を，結論では，まとめや考察を述べる話し方の方法。
　　ｂ．四段構成……「起・承・転・結」を基本とする構成の方法
　　　　　　　　　三段構成の序論が「起」に，本論が「承」に，結論が「結」にそれぞれ相当する。「転」は，話の転換に当たる箇所で，三段構成より複雑な構成となる。
　　　　　　　　　説得力のある構成を考えるためには，正しい結論を得るために工

聞き手分析のチェックリスト

項目	事項
テーマ	
実施日	平成　　　年　　　月　　　日
人数	計　　　名，（男　　　名，女　　　名）
聞き手の年齢構成	(10代　　名)，(20代　　名)，(30代　　名)， (40代　　名)，(50代　　名)，(60代以上　　名)
テーマに関する聞き手の専門知識のレベル	（　高い　　普通　　悪い　　不明　）
話し相手に対する印象	（　良い　　普通　　悪い　　不明　）
聞き手の関心ある事柄	・理論　・事例　・技術に関する事　・統計類 ・費用　・実演　・その他（　　　　　　　）
テーマが聞き手にとって利益・不利益な点	・利　益（　　　　　　　　　　　　　　　） ・不利益（　　　　　　　　　　　　　　　）
質問があるかどうか	・ありそう　　・ない　　　・不明
禁　句（タブー）	

(出典：福永弘之『プレゼンテーション概論及び演習』樹村房，2000)

夫されてきた論理的思考法を知っておくとよい。代表的なものが演繹法と帰納法である。

c．演 繹 法……一般的な前提から論理的推論を行い結論を導き出す方法
　　　　　　　代表的なものに，「大前提→小前提→結論」という三段論法がある。
d．帰 納 法……個別の事象に共通する要素を抜き出し，そこから一般的結論を得る方法
　　　　　　　経験則から推論し結論を得る方法をイメージするとよい。

....

　構成の方法は，文章を書く場合とほぼ同じであると考えてよい。ただし，プレゼンテーションでは，「聞き手にわかりやすく，話し手の意図を十分に伝えるには，どのような構成で話すのがよいか」を優先的に考えるべきなので，必ずしも法則にとらわれる必要はない。
　最初に結論を述べることや，最後に結論を繰り返すこともわかりやすさにつながって効果的である。
　一般的にスピーチでは，構成はできるだけシンプルなものがよい。3分程度の短いものは，三段構成を基本とすることをすすめたい。
　話の最初と最後に挨拶をすることも忘れてはならない。
　「みなさん，こんにちは」「〇〇と申します」
　「以上で終わります」「ご静聴ありがとうございました」など。

iii．原稿の推敲とリハーサル
　本番では資料や原稿を棒読みすることは論外であるが，事前に時間を計りながら声を出して原稿やスピーチメモを読んでみることは必要である。
　内容・分量などを調整し，強調すべき点や熟語の読みを確認しておく。
　また，機器を用いて示す資料の確認，機器の操作についても本番を想定して練習しておきたい。

②　Presentation Skill ＝ 話し方

　声の大きさは適切か，ペース，スピード，ポーズ（間）が考慮されているか。用語は平易で簡潔かなどに留意する。すべては「聞き手にわかりやすく伝えるためには，どうすべきか」を考えることである。

③ Personality ＝ 話し手の人柄

プレゼンテーション内容を聞き手に伝えるための究極の要因は，話し手の人柄なのではないか。聞き手は話し手の人格的な信頼性を敏感に嗅ぎ分けている。話し手は，誠実さ，余裕，情熱など人間性を聞き手に感じさせる必要がある。

礼儀をわきまえた感じのよい態度，聞き手に不快さを感じさせないクセのないしぐさや話し方など，聞き手を納得させたり，魅了するのも，最後は話し手の人間性にかかっているのである。

（4）説得力のあるプレゼンテーションを目指して

① リハーサルの重要性

たとえば，自己紹介や何かの説明や発表など，人前で話をしたときのことを思い出してほしい。このような経験はないだろうか，多くのスピーカーが口にする感想である。

「緊張してアタマの中が真っ白になった」
「何を言っているのか，自分でもわからなくなった」
「アガってしまい，用意していたことの半分も話せなかった」

これらは，緊張とアガリから起こることで，事前に「リハーサル」をすることで，上記のような事態を緩和することは可能である。リハーサルをすることが，気持ちを落ち着かせ，本番の緊張を緩和し，よりよいプレゼンテーションができることにつながっていくのである。

まったくしたことがないことと，1回でもしたことがあることをイメージしてみると，「まったくしたことがない」ことと「1回でもしたことがある」ことでは，「まったく別のもの」だと感じるはずである。過去に経験したことは，そのまま知識となり，いわゆる経験則として残っている。今からすることは，以前にもしたことがあって，どのようなことか予測ができる，と考えることができるから気持ちの余裕が違うはずである。「本番に強い」人はいるが，その人は，決して「ぶっつけ本番に強い」わけではない。本番を想定して，謙虚な気持ちを持ってリハーサルをするとよい。

② アガリとうまく付き合う

前述したように，アガリを緩和するためには，リハーサルを何回か行うことは有効である。しかしそれでもアガってしまって……とか，緊張してしまって……という感想はよく

プレゼンテーションのリハーサルのチェックリスト

項目	事項
① プレゼンテーションの原則の確認	(1) わかりやすいか。 (2) 簡潔か。 (3) 印象深いか。
② 話し方はどうか	(1) メリハリがあるか。 (2) 山場で実感をもって盛りあげているか。
③ スケジュールはどうか	(1) 時間に不足はないか，不足する場合ENDの原則*にのっとって調整する。 (2) 不足している内容はないか，ぜひとも必要な場合はENDの法則に従って他を削ってでも入れる。 (3) プレゼンテーションプランはわかりやすいように大きな字で書いているか。
④ ビジュアル・ツール（機器）の使い方はどうか	(1) パワーポイント等のソフトはきちんと動作するか。 (2) スクリーンに映したとき，文字は読みやすいか，配色のバランスはよいか。 (3) OHPシートに不足はないか，順番は合っているか。 (4) 不足のツールはないか。
⑤ 服装，態度，感情，マナーはどうか	(1) 服装はいいか。 (2) 体をゆすったりしていないか。 (3) 猫背などになっていないか。 (4) 顔の表情はよいか。 (5) アイコンタクトはよいか。

（出典：福永；前掲書より一部改変）

＊ENDの原則
E　Essential　：何が起きても省略してはならない
N　Necessary：必要だが，時間が不足になったら省く
D　Desire　　：もし，可能なら使う

プレゼンテーションの評価のチェックポイント

●企画に際してのチェックポイント
（1）目標や目的はどうであったか。
① 目標・目的が具体的なものになったか。
② 競争相手（ライバル社）の動きに関しては，情報を十分につかんでいたか。
③ 時間の配分はうまくいって，時間内に終わることができたか。
（2）聞き手の分析。
① 聞き手は男性か女性か，両方混じっていたか，年齢層はどうであったか。
② 聞き手のレベルにあった話し方になっていたか。
③ 聞き手の関心事は何であったか。

●立案に対してのチェックポイント
① 聞き手にとってメリットになるようなことが具体的に示してあったか。
② 視覚資料は，見やすく，わかりやすく，順序よく作られていたか。
③ 配布資料は，きちんと作られ，要領よくまとまっていたか。

●発表に際してのチェックポイント
① 話しの組み立て，発表の順序はうまくいったか。
② 導入部の切り込みはうまくいったか。
③ 結論は，うまくまとめられ，行動に変化をもたらすようなことがあったか。
④ わかりやすいような表現になっていたか。声の大きさ，テンポはよかったか。
⑤ ツールはタイミングよく利用できたか。
⑥ ボディランゲージはうまく活用できたか。
⑦ 質問にうまく応答できたか。
⑧ 会場はどうであったか。交通の便，部屋の照明，広さ，装飾など。

（出典：福永；前掲書）

耳にする。では反対にアガらない人，緊張しない人がいるのだろうか。ほとんどの人が人前でスピーチをしたり，何かをするときにアガってしまうのではないだろうか。大げさなようだが，現代人は常にアガリ，緊張するような状況にさらされているのではないだろうか。

　緊張する状況はいくつかある。「たくさんの人の前で何かをするとき」「今まで経験したことがないことをするとき」や「大切な場面で何かをするとき」「苦手なことをするとき」などである。

column

　自分自身が感じる緊張の原因は，以下にあげる三つの中のどのタイプか，考えてみよう。

……………………………………………………………………………………

●準備不足
　スピーチの内容を詰め切れていない，声に出して練習できていない，自分のスピーチの所要時間が把握できていない……などの準備不足から来る不安が原因。

●プレッシャー過敏
　自分はうまく話せるだろうか，自分のネタは笑ってもらえるだろうか……など，意識が聞き手に向いていなくて，自分に向いてしまっていることから来るプレッシャー。

●異空間アガリ
　演壇に立った瞬間，大勢の目線に圧倒されてしまった，面接室に入ったとたん，見るからに社長らしき人が3人もすわっていた……など，初めての場所で初めての人と会う高揚感がコントロールできず，アガリに発展してしまうケース。

……………………………………………………………………………………

　大きく三つのタイプに分けてあるが，原因はどれか一つだけに該当するということではなくて，いくつかが複合している場合もある。

　自分の緊張は何が原因かを把握することで，なるべくその要因を排除するようにもっていこう。

人は緊張状態になると，呼吸や脈拍が早くなる，顔が赤くなる，足が震える，頭が真っ白になるといった症状が出る。喉が渇いたり，手が冷えたりということも起きてくる。

適度な緊張は，生活にも張りを与え，集中することで高い成果を得ることもできるが，過度の緊張状態は，逆に持っている力を出し切れないことにもなるので，バランスが大切である。過度な緊張感に苦しむことなく，適度な緊張感を持てるようにするためにも，アガリとうまく付き合おうとすることは有効である。

アガっているときの対処法として，緊張したときのクセを封じる「自分なりのリラックスできる方法」を決めて，やってみることをおすすめしたい。本番前にやる「おまじない」のようなものである。

その中の一つに，「アガっているのは自分だけではない」と思うことも，緊張を和らげる効果がある。また，アガっている自分に対して，逆に「もっと緊張するように言いきかせる」といったような方法も有効である。これを聞くと不思議に思うかもしれないが，このことで，アガっている自分を客観的に見つめられるようになり，緊張が和らぐ。

ほかにも，口のまわりの筋肉をやわらかくするように口の体操をする，水を飲む，「大丈夫。今日もうまくいく」と唱える，本番にはいつも同じアクセサリーを身につけるなどを実践している人がいる。

いずれも本当に効くか効かないかの問題ではなく，緊張に打ち勝つために，やるかやらないかの問題である。

Let's Try 1

① 学生生活のなかで，プレゼンテーション能力の必要性を感じたことがあったか。
あるとすれば，それはどんなときか，エピソードを書き出してみよう。

② 話し手と受け手のコードの違いを感じるエピソードはなかったか。
また，コンテクストの違いを感じさせるエピソードについても話し合ってみよう。

第2章 ツールの種類と活用

　プレゼンテーションとは，商品や企画，あるいは報告や考え方などを，話し方によって説明・説得していくわけであるが，その成果や評価がその後の仕事や自分を大きく変えることになる。だからこそプレゼンテーションを少しでもインパクトのあるものにしなければならない。そこで強い印象を残し成果を出すために，さまざまな工夫が必要となってくる。この工夫に使うものの一つが，ツールである。
　ツールを活用する利点は，次の4点である。

----

a．ひと目見ただけでイメージがわく
b．印象に強く残る
c．注意を集中させることができる
d．瞬時に多くの情報を伝えることができる

1．プレゼンテーションツールのいろいろ

　プレゼンテーションを成功させるためには，なによりもしっかりとした準備をしておく必要がある。その準備として，ツールを用意することがある。プレゼンテーションで使うツールにはどのようなものがあり，それらがどのような特徴を持っているのかを理解したうえで，自分にはどのツールが最適なのかを見つけることが重要である。最適のツールとは，自分自身の技能をはじめ，会場や人数，器具や制限時間など，条件にあったツールである。それを見つけ活用することで，プレゼンテーションの成果は大きく向上する。
　ツールは，一般的に「目に訴えるもの」と「耳に訴えるもの」に大別できる。「目に訴えるもの」をビジュアルツールと呼び，その代表的なものがパワーポイントである。「耳に訴えるもの」は音響設備などと呼ばれ，代表的なものがマイクである。

（1）ツールの選び方

　いかにしてツールを有効に活用し，プレゼンテーションの成果に結びつけていくかは，大きな課題である。では，実際にはどのようなツールを選択するべきなのだろうか。ここでは，ツールを選択する基準を考えていきたい。

　まず最初に考えるべきことは，作成技術である。多くのツールのいずれも，作成や機器操作の技術がなければならない。しかも最近では，機器の発達や変化のスピードが著しく，使いこなす技術が追いつかない現実をしっかりと認識しておくべきである。作成や操作に時間がかかったりミスがあったりしては，せっかくのプレゼンテーションが台なしになり，プレゼンテーションの内容そのものに対して信頼を失ってしまう。

　2番目に考えるべき点は，設備である。自分の考えの中にある機器と，プレゼンテーションを行う場所での機器や設備が，必ずしも一致してはいないからである。パソコンはもとより，照明・音響・スクリーンなど，イメージや効果が異なったり，操作の手間ひまも異なっている場合が多々ある。十分な事前準備とチェックが必要である。

　3番目は，作成に使える時間と費用の問題である。これは自分だけでは解決できない難問である。そして4番目は，多くのツールを同時に使わないことである。なぜなら聞き手の集中力や印象が散漫になる恐れがあるからである。

　その他に，プレゼンテーションの目的，聞き手の人数や状況，地域性なども考えて，い

---

column

試食販売ってすごい！

　試食販売は，商品宣伝方法の一つ。その日の目玉商品を一口大に切ったり，軽く調理して試食をしてもらい，売上向上をはかる。商品プレゼン方法としての効果が大きく，スーパーで試食販売をすると，通常売上の平均30％アップになるという。ヒューマンタッチのすごさである。

ろいろなツールの中から最適なものを選択するべきである。

　そして，ツールを作ることに膨大な時間と労力を費やし，そこで力尽きて，肝心のプレゼンテーションのときに自分の能力を発揮できないという事態に陥らないことである。

　ツールはあくまでもプレゼンテーションの効果をあげるための補助的役割であることを忘れてはならない。なによりも自分の言葉で確信をもって話し，伝えるべき情報を吟味し，聞いてもらおうという熱意をもって伝えてこそ，ツールの効果が生きてくるのである。

2．文書ツール

　文書ツールとは，一般的に配付資料といわれるものである。このツールは，誰でもが容易に作成でき，コストもかからない。しかも記録として残るという利点があり，最も多く活用されているツールである。なによりも，このツールは会場での設備が不要で，聞き手の人数を制限する必要がないというメリットが大きく，手軽に活用される理由でもある。

(1) レジュメ

　要約・概要と訳される，最も一般的なツールである。これはプレゼンテーションのスタート時に配付されることが多い。聞き手にとっては常に自分の手もとにあり，何度でも確認できるという安心感が得られるツールである。

　一方で，聞き手は自分の好き勝手なタイミングで資料に目と注意を向け，プレゼンテーションそのものに耳や目を傾けないことと，参加者数分を事前に準備しなければならず，手間と費用がかかることが欠点である。

　一般的にレジュメは，統一した用紙にプレゼンテーションの概要と，データなどの詳しい資料をまとめて作成する。内容としては，話し手が伝えたいこと・表現したいことを，筋道を立ててわかりやすく文書化したものである。つまり，収集した情報を分析し，結論を明確化して，時間の流れに沿って，話し手自身が伝えやすく，聞き手が理解しやすいレベルで，ストーリー性をもたせて構成した文書資料といえる。特に聞き手があとで上司や他の人に説明するような場合に，利用価値の高いツールである。

　ただし，配付するタイミングや，どこまでの内容を書くのかがポイントである。あまり詳しく書きすぎると，肝心のプレゼンテーションの必要性がなくなるとともに，評価を下げる一因ともなる。また，メモ書きができるスペースを作ることも必要なことである。

このレジュメの類似語に，アジェンダがある。アジェンダとは，会議などで配られる議事進行表などの予定表である。つまり，時間的な流れを中心とした概要である。なお，履歴書のことをレジュメということも知っておく必要がある。

レジュメ作成のポイントなどは，第6章で詳しく述べる。

（2）図表・グラフ

情報技術の高度化とスピード化によって，データがビジネスや日常生活に与える影響が増大してきた。言い換えると，データの裏付けのない話は，説得や信頼が得られなくなってきたのである。したがって，プレゼンテーションにおいてもデータの活用は避けることができない要素となり，いかにしてデータを表示・表現し，活用していくかが，そのプレゼンテーションの成否に大きな影響を与えることとなる。いうまでもなく，グラフを用いる目的は，数字を見やすく理解しやすくするためである。

内容としては，二つ以上のものを比較したり，年月とともにどのように変化したかという推移や，どのような内訳になっているのかなどを表すものである。データは「収集→分析→検討」というプロセスを経て活用されるものであるが，ここではテーマの内容にあったグラフが活用できるように，主なグラフの種類と表示の仕方についてみていく。

なお，グラフを書くときには，一つのグラフに三つ以上の項目（要素）を入れないように心がけると，わかりやすいグラフとなる。

① 折れ線グラフ

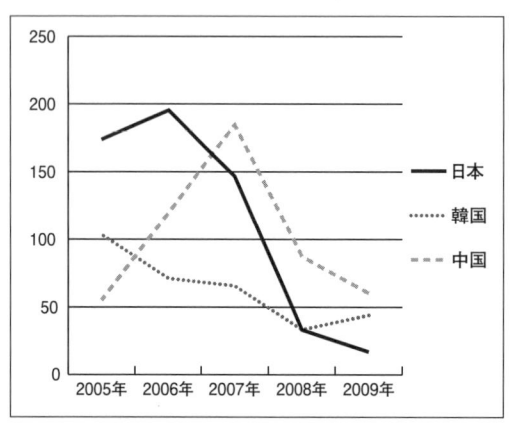
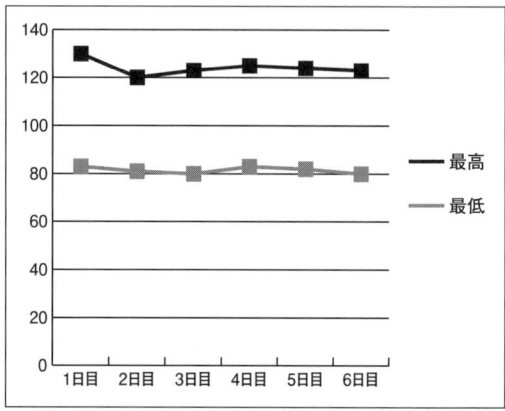

項目による年度別の推移など，時間の流れによる変化を見るときにわかりやすいのが，折れ線グラフである。線の太さや，実線（──）・破線（‥‥‥）・鎖線（─･─）などの種類を使い分けることで，項目を差別化する。

折れ線グラフ作成のポイントは，次のとおりである。

a．横に時間の推移（年・月）や，項目を書く
b．縦に数量（売上高・人数・％）を取る
c．左から右，下から上への推移とする

② 棒グラフ

最も基本的なグラフで，時系列的に比較するときに用いるとよい。推移という，項目ごとの時間の流れによる変化を見るときにわかりやすいのは，折れ線グラフである。しかし，他との比較を見るには棒グラフが適しており，商品別・企業別・年齢別などの，各年ごとの比較を行うときなどに用いられる場合が多い。

棒グラフ作成のポイントは，次のとおりである。

a．標題を忘れず表示する
b．縦軸に単位，横軸に比較項目を書く
c．縦軸に中断表示を入れて，途中を省略する場合もある

支店別売上高

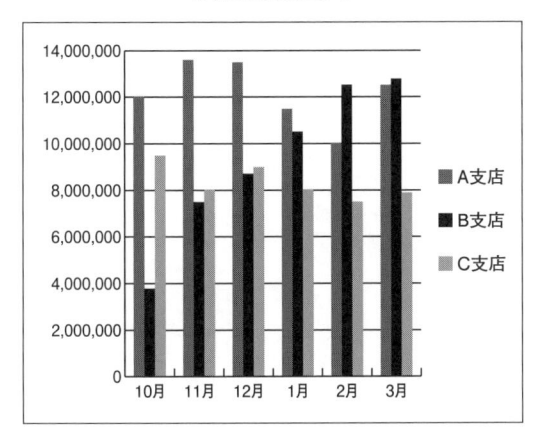

1分間に認識できる文字数

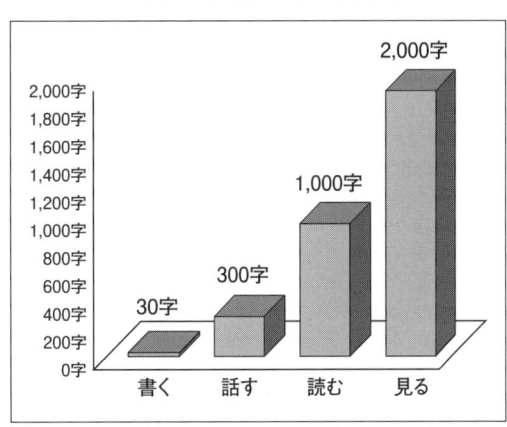

③ 帯グラフ

このグラフは，棒グラフと円グラフの両方の性質を併せもつもので，構成比（内訳）を表すときに用いる。円グラフとの違いは，何本かの帯グラフを並べることで，棒グラフの性質である時系列も表現でき，構成比の時間的推移が表現できる点である。

帯グラフ作成のポイントは，次のとおりである。

a．標題を忘れない
b．左から右へ，大きな数字をとる
c．「その他」は右端にとる
d．内訳には項目とパーセントを入れる
e．目盛りを忘れない

ブランド別売上高推移

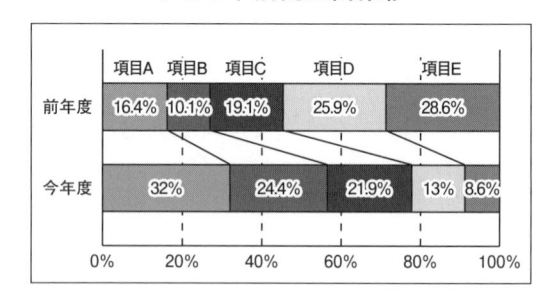

	項目A	項目B	項目C	項目D	項目E
前年度	16.4%	10.1%	19.1%	25.9%	28.6%
今年度	32%		24.4%	21.9%	13%	8.6%

④ 円グラフ

円グラフは構成比（内訳）を表現するときに，最も多く用いられるグラフである。近年パソコンの発達で，美しく立体感があり，しかも簡単に作成できるイメージ伝達画像として多用されている。たとえば，年令別売上高の内訳や，アンケート調査の結果分析などに用いられている。

円グラフ作成のポイントは，次のとおりである。

人の五感

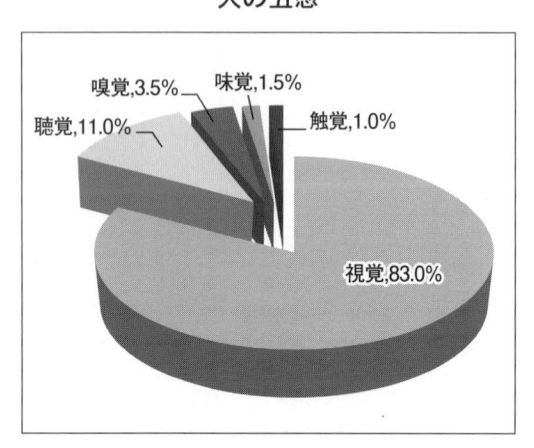

- 視覚, 83.0%
- 聴覚, 11.0%
- 嗅覚, 3.5%
- 味覚, 1.5%
- 触覚, 1.0%

女性の癌患者の構成

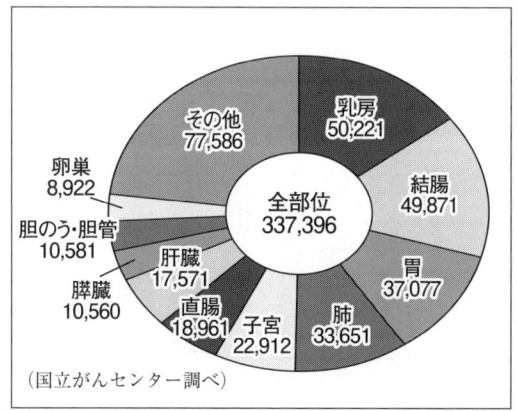

全部位 337,396
- 乳房 50,221
- 結腸 49,871
- 胃 37,077
- 肺 33,651
- 子宮 22,912
- 直腸 18,961
- 肝臓 17,571
- 胆のう・胆管 10,581
- 膵臓 10,560
- 卵巣 8,922
- その他 77,586

（国立がんセンター調べ）

a．標題を上部，または円中心部に書く
b．360度を100％として，構成比率を角度に計算する
c．12時を示す線をスタートに，時計回りに，原則，大きい比率から表示する
d．順序や傾向性のあるものは，比率に関係なく，傾向順に表示する
e．「その他」は最後に，「どちらでもない」は中間に置く

column

知ってる？　著作権

　めざましいIT機器の進化によって，情報やデータなどが容易に複製できるようになった現代において，他の人が努力し，作成・調査したものをうっかり使用したり故意に利用したりすることは，法律で禁止されています。著作権は，本や論文のほかにも映像や音楽，設計図や美術品など，文芸や学術・芸術に関する幅広いものが対象となっています。

　　　　　　著作権者　――→　使用許諾なし　――→　著作権侵害
（作った人・所属組織等）
（本書，基礎編・第6章に詳しい解説があります）

Let's Try 1

●次のような場合は，何グラフを用いるとよいだろうか。

① 　1年間の化粧品のブランド別販売高　　　　（　　　　　　）
② 　過去3年間のA社とB社の販売実績の移り変わり　（　　　　　　）
③ 　5年間の男女別出生率の変化　　　　　　　（　　　　　　）
④ 　過去3年間の出身県別入学者の割合　　　　（　　　　　　）
⑤ 　日本円の対ドル価格の変化　　　　　　　　（　　　　　　）

3．ビジュアルツール

「百聞は一見に如かず」ということわざにもあるように，具体的・現実的なものを目で見ることは理解に直結する強いアピールとなる。この「目で見る」さまざまなツールを，ビジュアルツールという。その特性を知り，上手に活用することで，プレゼンテーションの効果を一層あげていきたい。

（1）パワーポイント

パワーポイントという言葉は，あくまでもマイクロソフト社のアプリケーションソフトの名前である。しかし現在では，プレゼンテーションに使うパソコン画像を指すものとして，一般名称化している感がある。

パワーポイントの長所は，さまざまな色や画面作りができるということである。しかも保存機能があり，いつでも取り出して使用できるという便利さがある。そのうえ，目的に合わせて色や画像・ニュアンスなどを変えることも簡単にできる特性がある。また，会場に合わせてスクリーンに大きく映し出すことも，音響などの他の機材との接続も可能で，まさにプレゼンテーションの強力な助っ人といえる。

もちろん，短所もある。それは機材・設備の問題である。プレゼンテーションを行う会場に，その設備があるかどうかが大きな条件となる。加えて，プレゼンテーションを行う本人に，それを使う技能と知識があるかどうかである。そのうえで，大きく映し出される画像に負けない話し方が，聞き手の目と心に響く話し方ができるかどうかという，プレゼンターの技術とセンスが大きなカギとなる。

このパワーポイントを使う上で注意するべき点は，次のとおりである。

a．構成をしっかりと固め，全体を一つの流れとして考えること
b．口頭の説明と画面とのマッチングを考えること
c．聞き手（見ている者）にわかりやすい，シンプルな画面作りを心がけること
d．文字は少なく，大きなものを用いること
e．1分間に1枚程度の画面とし，速すぎる画面変換をしないこと
f．万が一のトラブルを想定して，準備をしておくこと

（2）OHP・OHC

　文字や写真などをコピーしたシートに，上から光を投影して映し出すオーバー・ヘッド・プロジェクター，OHPと，現物に光をあてて投影するオーバー・ヘッド・カメラ，OHCとがある。OHPは平面のものしか映し出すことができないが，OHCは立体のものでも平面のものでも，現物をそのまま映し出すことが可能である。

　OHP・OHCともに，比較的手軽に原稿の作成ができる。加えて，会場をあまり暗くせずに映し出すことができ，しかも前向きのままで操作が可能であり，聞き手に向かって話しながらプレゼンテーションを進めることができる点が，長所である。

　ただし，大きく映すと不鮮明な画面となるため，大会場でのプレゼンテーションには不向きである。また，投影機とプロジェクターの設備も必要である。

（3）DVD

　テレビ番組の録画やビデオカメラで撮影した画像などを，目的や意図に合わせて加工し，再生できるツールである。

このツールは，臨場感や現実感が出るという意味では最も優秀なツールといえる。動きやストーリーを十分に取り込んだり，タイムリーな話題のニュースや，その商品を実際に使用している風景などを取り入れることで，リアルタイムな情報としてのプレゼンテーションとなる。また，この映像に専門的なナレーションをつけると，現場でのプレゼンテーションの必要がないほどのインパクトを生むツールである。

　しかし一方で，制作の手間と技術や，コスト面での問題とともに，プレゼンテーションを行う会場の設備の有無も関係し，いつでも・誰でもが活用可能というわけではない。

4．その他のツール

（1）ボード

　ボードには，パネル・白板・黒板などがある。このうち，パネルは，あらかじめ伝えたいことの要点を書いて貼っておき，必要に応じてパネルの前で話しながら，その上に書き加えたりするものである。テレビのニュース番組や通販の説明などで用いられている「フリップ」といわれるものも，このパネルの一種である。大きさに限界はあるが，丁寧に取り扱うと繰り返し使用することができ，コストもかからない臨場感のあるツールである。

　一方，ホワイトボードなどの白板・黒板は，話しながら自由に書いたり消したりできる，教育現場でおなじみのツールである。これは事前に準備が不要で，だれでもが手軽に利用できるツールである。ただし，暗黙のうちに「見なさい・書きなさい」という雰囲気があり，目上の人へのプレゼンテーションでは避けた方がよい。

　短所としては，大きい会場では後方の人には見えにくいことと，記録性や再現性がないことが挙げられる。また，ボードに字などを書くときに，体の向きに注意しないと聞き手に背を向けることとなり，コミュニケーションが中断してしまうことも欠点である。

　ボードの作成上のポイントは，次のとおりである。

………………………………………………………………………………………………

　a．箇条書き的に，短く，大きく，正確な字で書くこと
　b．体の向きに注意して，話しながら書くこと
　c．マーカーやチョークを十分に備えておくこと

………………………………………………………………………………………………

（2）ポスター

　ポスターは，ポスターセッションや展示会場などで掲示し，理解を促すツールである。映画の宣伝ポスターや，工場見学などで目にする「商品のできるまで」などである。

　このポスターは，事前に時間をかけて検討を繰り返し，納得のいく形で表示できるため，比較的完成度の高いものである。しかも，話の構成を考えて流れのよい順序で掲示され，その前でプレゼンテーション行うため，難解な内容や時間の掛かる説明もわかりやすく親近感のもてるツールである。作りやすく運搬に便利であるが，大きさや使用できる枚数に制限があったり，ものによっては耐久性に欠ける場合がある。

（3）マイク

　マイクは耳に訴えるツールで，台のついているスタンドマイクや，衣服に止めるピンマイク，そして，最近では一番使用頻度の高いハンドマイクがある。どのマイクを使用するかは，当人に選択の余地がある場合と，限定されたものしか使用できない場合とがある。

　いずれにしても，事前に音声や使い勝手のチェックが必要である。また，たとえ声に自信があっても，30人以上の会場ではマイクを使う方が迫力があり，説得力が増すものである。加えて，プレゼンテーター用以外にも，マイクの用意をしておく必要がある。会場内などとのマイクの使いまわしは，その場の雰囲気を中断させることがある。

　また一般的に，動きのあるプレゼンテーションのときには，体や両手が使えるピンマイクが便利である。しかし，電池切れや，音の死角があるので注意が必要である。

　スタンドマイクは音や姿勢に安定感があるが，動きのあるプレゼンテーションができない欠点がある。これらの中間が，ハンドマイクである。可動性があり，臨場感のある参加型のプレゼンテーションができるが，雑音が入ったり電池切れなどが起こることもある。

（4）BGM

　バック・グラウンド・ミュージックである。このBGMは，プレゼンテーションのイメージを増幅することや，事前に脳に心地良さを伝え，心身を整えるとともに，これから始まるプレゼンテーションへのウキウキ感・期待感を高める役目もしている効果音である。

column

各ツールの適性をみてみよう

	利便性	経済性	記憶性	記録性	鮮明性	耐久性	対話性	人間性	注目性
レジュメ	○		○	○	○				
パワーポイント					○	○		○	○
OHC		○					○	○	○
DVD			○	○					○
ボード	○	○	○		○		○	○	
ポスター	○	○	○		○		○		

第3章　話し方の基本

　日常のコミュニケーションは，口頭によるものが多く，その中身には言葉による言語コミュニケーションと言葉以外の非言語コミュニケーションがある。またそのほとんどが「話す・聞く」の形で話し言葉を使っている。最近のプレゼンテーションは第2章で述べたとおり，図表やグラフ，写真や映像など，ビジュアル化された資料を，パソコンのプレゼンテーションソフトやOHC，ボードや配布資料などのツールを駆使して，効果的に行われている。これらのツールを有効に利用することはもちろん重要であるが，やはりプレゼンテーションの中心となるのは「話し方」である。

　ここでは，わかりやすく明瞭に話すための声の出し方の基本から，話し手の意図を聞き手に明確に届け，聞き手を説得できるような話法まで，人前で話すために必要なこと全般を取り上げる。

1．話すときの呼吸法

　呼吸法には大きく分けて胸式呼吸と腹式呼吸がある。起きて活動しているときは主に胸式呼吸をしているが，横になったり，眠っている時は腹式呼吸に変わる。

① 腹式呼吸の効果

　胸式呼吸では，音声が口や喉などに共鳴して発声するのに対して，腹式呼吸は横隔膜と腹筋を使うことで，より多くの息を肺に取り入れ，おなかやからだ全体を使って発声することができる。そのため，腹式呼吸で発声すると，声量が拡大し，声のトーンが微妙に丸くなって声の響きが増すといわれており，アナウンサーや声楽家なども活用している。つまり，プレゼンテーションにとっても有利なことである。腹式呼吸は難しく考えがちだが練習すれば誰でもできる。まず，腹式呼吸の練習から始めてみよう。

腹式呼吸の練習

．．

a．両足を肩幅に開いて背筋を伸ばして立つ
b．呼吸時のおなかの上下を確認するため下腹に両手を置く
　（おへそから下へ5〜10cmくらいの丹田というツボのあるあたり）
c．息を吸う。吸ったときは手を置いた下腹をふくらます
d．息を吐く。吐く時は手を置いた下腹をへこませる

．．

腹式呼吸のコツがつかめたら，実際に発音してみよう。

```
＜清音＞
ア　エ　イ　ウ　エ　オ　ア　オ　　　カ　ケ　キ　ク　ケ　コ　カ　コ
サ　セ　シ　ス　セ　ソ　サ　ソ　　　タ　テ　チ　ツ　テ　ト　タ　ト
ナ　ネ　ニ　ヌ　ネ　ノ　ナ　ノ　　　ハ　ヘ　ヒ　フ　ヘ　ホ　ハ　ホ
マ　メ　ミ　ム　メ　モ　マ　モ　　　ヤ　エ　イ　ユ　エ　ヨ　ヤ　ヨ
ラ　レ　リ　ル　レ　ロ　ラ　ロ　　　ワ　エ　イ　ウ　エ　オ　ワ　オ
```

```
＜濁音・鼻濁音・半濁音＞
ガ　ゲ　ギ　グ　ゲ　ゴ　ガ　ゴ　　　カ゜　ケ゜　キ゜　ク゜　ケ゜　コ゜　カ゜　コ゜※
ザ　ゼ　ジ　ズ　ゼ　ゾ　ザ　ゾ　　　ダ　デ　ヂ　ヅ　デ　ド　ダ　ド
バ　ベ　ビ　ブ　ベ　ボ　バ　ボ　　　パ　ペ　ピ　プ　ペ　ポ　パ　ポ
※鼻濁音：鼻に抜く音（慣れないうちは，ンガ　ンギ　ング　ンゲ　ンゴと発音するとそれらしく聞こえる）
```

2．聞き取りやすい話し方

（1）はっきり発音するために

　聞き取りやすい発声や発音はトレーニングすることで磨くことができる。スポーツ選手が常にトレーニングを欠かさないように，また音楽家が常に発声や楽器の練習を重ねているように，プレゼンテーションを行う際もはっきりと聞きやすい声で話せるようトレーニングしておくとよい。またプレゼンテーションは1対1ではなく，対複数の場合が多いので，人前で尻込みせずに話せるよう，普段から話すことに慣れておくことも大切である。「習うより慣れよ」というように，プレゼンテーションのベテランといわれる人でも練習や経験を積んで上達しているのである。
　プレゼンテーション直前には早口言葉で口の体操をし，ウォーミングアップしておくと，

Let's Try 1

●早口よりも正確に発音することを心がけて読んでみよう。

- 相乗り，追い合い，青信号
- お綾や母親におあやまり，お綾や八百屋におあやまり
- 緊急出動の救急車が急接近してきた
- この杭の釘は引き抜きにくい
- 新設　診察室　視察
- 新進歌手総出演新春シャンソンショー
- 隣の客はよく柿食う客だ
- 笑わば笑え，わらわは笑われるいわれはないわい
- 蛙ぴょこぴょこ三ぴょこぴょこ　合わせてぴょこぴょこ六ぴょこぴょこ
- 抜きにくい釘　引き抜きにくい釘　抜きにくい釘抜きで抜く人
- 書写山の社僧正，今日の奏者は書写じゃぞ書写じゃぞ
- アンリ・ルネ・ルノルマンの流浪者の群れ

発声も舌の回転も滑らかになる。早口言葉は，いいにくいフレーズを滑らかにいう練習であるが，これがスムーズにできるようになれば，歯切れのよい話し方ができる。誰にでも不得手な音（オン）や言葉があるが，練習で克服し発声に自信がつくと，人前で話すことへの自信にもつながってくる。歯切れよく話すためには特に母音に気をつけて発音してみるとよい。そのときは口の形にも気をつけよう。

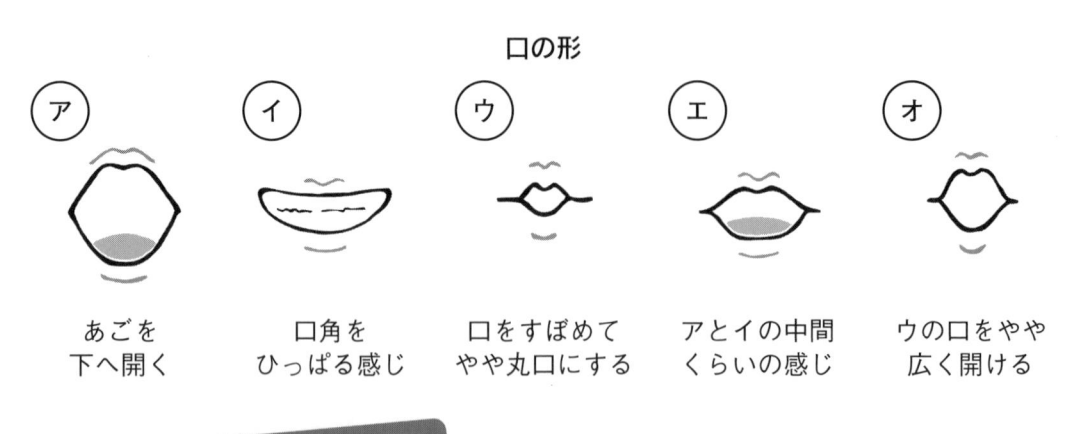

口の形

ア	イ	ウ	エ	オ
あごを下へ開く	口角をひっぱる感じ	口をすぼめてやや丸口にする	アとイの中間くらいの感じ	ウの口をやや広く開ける

Let's Try 2

●次の文はおよそ一分ほどの内容である。この文章を一本調子にならないように，はっきりとわかりやすく，聞き手に興味を持ってもらえるように声に出して読んでみよう。声の出し方によって，聞き取りやすさも大きく変わる。

蜘蛛の糸
　　ある日の事でございます。御釈迦様は極楽の蓮池のふちを，独りでぶらぶら御歩きになっていらっしゃいました。池の中に咲いている蓮の花は，みんな玉のようにまっ白で，そのまん中にある金色の蕊からは，何とも云えない好い匂が，絶間なくあたりへ溢れて居ります。極楽は丁度朝なのでございましょう。
　　やがて御釈迦様はその池のふちに御佇みになって，水の面を蔽っている蓮の葉の間から，ふと下の容子を御覧になりました。この極楽の蓮池の下は，丁度地獄の底に当って居りますから，水晶のような水を透き徹して，三途の河や針の山の景色が，丁度覗き眼鏡を見るように，はっきりと見えるのでございます。

（芥川龍之介『蜘蛛の糸』ちくま文庫）

（2）話し方のチェック

　話し方の練習をするときには，誰かに聞いてもらって，癖や欠点を指摘してもらうのが上達の近道である。自分でしゃべっているだけでは気付かないことも多い。評価してもらう際には「話し方のチェックリスト」を使って確認するとよい。

　例文「蜘蛛の糸」の文章をもう一度声に出して読んでみよう。そして家族や友人などに聞いてもらい，率直に指摘してもらおう。

3．魅力的に話すということ

　話すときの言葉は，一瞬のうちに消えてしまう。プレゼンテーションは一瞬にどれだけ強い印象を残せるか，具体的なイメージを伝える事ができるかが大きなポイントになる。話し方や発声で聞き手に対する印象も大きく変わる。魅力的に話すための基本的な技術を身につけ，聞き手に好印象を持ってもらえるような話し方をしよう。

（1）話し方の技術

　話し方には五つの基本技術がある。

　　a．イントネーション　　b．プロミネンス　　c．ポーズ
　　d．スピード　　　　　　e．チェンジ・オブ・ペース

　この五つの技術を応用することで，聞き手をひきつける話し方になる。

話し方のチェックリスト

話し方のチェック項目	評価
聞き取りやすい大きな声で話していましたか？	たいへん良い ── 普通 ── 要改善
話すスピードは適切でしたか？	たいへん良い ── 普通 ── 要改善
話し方に適切な間やメリハリがありましたか？	たいへん良い ── 普通 ── 要改善
話し方に気になる癖などはありませんでしたか？	たいへん良い ── 普通 ── 要改善
全体として聞きやすい話し方だったと思いますか？	たいへん良い ── 普通 ── 要改善

総合コメント

① イントネーション（抑揚）

イントネーションは抑揚と言われるもので，文末に表れる話し手の感情である。話し手の驚きや喜び，断定や疑問など，その時々の気持ちを文末に表現するものである。

あめ（雨）とあめ（飴）のように単語はアクセントがかわると意味が変わってしまう。

同じように文にも高低がある。例えば，文末を上げれば（↗）疑問形に，下げれば（↘）断定的な表現になる。

Let's Try 3

●次の文章を，イントネーションを変えて読んでみよう。

A．本をよく読む（疑問）　　B．本をよく読む（断定）
A．どうしたの（尋ねる）　　B．どうしたの（叱る）
A．あ，雨（驚き）　　　　　B．あ，雨（落胆）

② プロミネンス（強調）

プロミネンスは強調である。自分の気持ちや主張を伝えるとき，その言葉や話の部分を強調してはっきりと伝える。強調する部分によって伝えたい内容が変わってくる。①〜④の傍線部分を（大きく，ゆっくり，または低く，強く）強調して言うと話し手の意図が伝わる。

「私は　①昨日　②梅田へ　③友人と　④映画を見に行きました」
① 一昨日や今日ではなく行ったのは昨日である
② 京都でもなく神戸でもなく行ったのは梅田である
③ 家族とではなく友人と行ったのである
④ ショッピングではなく映画を見に行ったのである

Let's Try 4

●次の文を①〜④のそれぞれの部分がきちんと伝わるように話してみよう。

「営業会議は，午後2時から3階の会議室で行われます。遅れないよう出席してください」
① 行われるのは，企画会議ではなく営業会議である
② 午後1時の予定が午後2時からに変更になった
③ 1階の会議室ではなく3階の会議室である
④ 応接室ではなく会議室で行われる

③ ポーズ（間）

　ポーズは話し方の要（かなめ）である。間のとり方を間違うと，一瞬にして話がおかしくなる。間が空きすぎると聞き手はいらだちを覚え，間がないと意味が通じないこともある。間はまさしく「魔」である。
　間には以下のような種類がある。

....

a．無意識にとる間
　　　一息の長さの間のことをいい，息継ぎの間である。
b．言葉の切れ目の間
　　　言葉の意味をはっきりさせるための間で，句読点の間でもある。
c．聞き手に理解してもらうための間
　　　話を止めて聞き手を見ながら理解していると感じたら次へ進む。聞き手の反応を確かめるための間でもある。
d．考える心理的な間
　　　話し手が一瞬止まって考えたり判断したりするための間である。
e．強調したり，注意を引くための間
　　　大事な言葉や印象付けたい箇所の前後に間を取り，その言葉を強調するための間である。

....

Let's Try 5

●話し方の五つの基本技術を生かして人に伝わるように声に出して話してみよう。

1. 次の文章に，イントネーションは（↗ ↘ 〜），プロミネンスは（〜〜〜），ポーズは（V），スピードは（・・・），チェンジ・オブ・ペースは（【 】）というように，印を付けてみよう。
2. 付けた印を意識しながら実際に声に出して読んでみよう。（全体の文，問いかけの部分，羅列された本のタイトル，《 》の中のキツネの言葉，ミュージアムへのお誘いなど，特に工夫してみよう）

....

　図書館からのお知らせです。
　6月28日は，「星の王子さま」の日です。それはなぜか知っていますか？
　実はこの日にフランスの作家，アントワーヌ・ド・サン＝テグジュペリが生まれたのです。
　図書館ではこの日にちなんで，今月の展示コーナーには「星の王子さま」をたくさん展示しています。
　『大人のための星の王子さま』『こころで読む星の王子さま』
　『フランス語で読む星の王子さま』『星の王子さまの恋愛論』
など14冊もあります。
　《みなさんは，『星の王子さま』の中で，キツネが王子さまに言ったこんなことばを知っていますか。「心で見なくちゃ，ものごとはよく見えない。かんじんなことは目にみえないんだよ」》

（出典：『星の王子さま』岩波少年文庫）

....

　『星の王子さま』は140以上のことばに翻訳されて，80ヵ国以上で出版され，世界中の子どもと大人がこの作品に引きこまれています。
　1999年には，神奈川県箱根町に世界で初の記念館「箱根 サン＝テグジュペリ 星の王子さまミュージアム」がオープンしました。企画展示や映像などで作品の世界を再現しています。興味のある方は，是非このミュージアムにお出かけになってみてください。
　図書館では，「星の王子さま」と共に，みなさんのご来館をお待ちしています。

（出典：福永弘之監修『キャンパスライフとプレゼンテーション』樹村房，2002）

④ スピード（話す速さ）

　話の速度は，話す場面や相手によって変わる。若者同士であれば多少早口でも理解できるであろうが，高齢者や子どもには比較的ゆっくり丁寧に話す方がよい。ただ早口すぎてはついていけなくなり，遅すぎると相手をイライラさせてしまう。また，難しい内容や相手を説得する場合などは特にゆっくりと，漫才やスポーツ放送などを話すときは軽快にテンポよく話す方がそれらしく聞こえる。一般的には1分間に300〜350字程度が聞きやすい速度といわれている。いずれにしても聞き手によく理解できるスピードで話すことが基本である。

⑤ チェンジ・オブ・ペース（緩急自在）

　チェンジ・オブ・ペースは緩急自在である。イントネーションやプロミネンス，ポーズ，スピードをその場の状況に合わせて自在におりまぜながら表現する，総合した技術のことである。例えば野球でピッチャーが，ストレート，カーブ，スライダーなどの球種やボールの速度を相手のバッターに合わせて投げ分けるというようなイメージである。チェンジ・オブ・ペースの技術が身につくと，メリハリのある生き生きとした話し方ができるようになる。

　以上のような話し方の五つの基本技術を身につけ，聞き手をひきつける話し方をすることでプレゼンテーションを成功へと導こう。

4．バーバル表現とノンバーバル表現

　プレゼンテーションを行うには，その目的に沿って言いたい事や考えていることを表現していかなければならない。表現のための技術には，バーバルとノンバーバルがある。それぞれ言語と非言語と言い換えることができるが，表現技術を磨くためにはその両方が大切である。

　会話や文字など言語によるコミュニケーションをバーバル・コミュニケーションといい，話し手の表情や態度，服装や身だしなみ，そしてボディーランゲージとしてのジェスチャーや身振り手振り，聞き手との視線のやりとりやアイコンタクトなどの非言語によるコミュニケーションをノンバーバル・コミュニケーションという。聞き手を納得させるにはこのノンバーバル・コミュニケーションを効果的に活用して表現することが大切である。

（1）バーバル表現の三つのテクニック

　バーバル表現とは一般的には言語による表現のことだが，ここでは主に言葉の使い方や言い回しのテクニックについて学ぶ。
　一つ目は「展開」で，話す内容を明らかにする言い回しである。「お話したい内容が3つあります」と最初に構成を明らかにし，話の展開ごとに「第一に」「次に」「最後に」と述べる方法である。最初に構成を明瞭に伝えると，聞き手は話を聞く心の準備ができる。それが安心感につながり，最後まで話を聞かせ，納得させることにつながる。
　二つ目は「比喩」である。例えを用いる方法で，聞き手に具体的なイメージを持ってもらうよう表現を工夫する。「380万円の1円玉を積み上げるとおよそ3800メートルの高さ」というよりは「富士山と同じくらいの高さ」という方がわかりやすい。商品説明などでは，その商品の持つ特徴や仕様を細かく説明するだけではなく，聞き手がよく知っていると思われる別の商品を例にとり，その商品との対比によって説明する場合もある。例えば，話題になった商品を取り上げ「さらに小型化して，デザインを斬新にした」といえば，わかりやすくなる。
　三つ目は誰もが知っている「格言や成句」を用いて話す方法である。その場にあった格言や成句を使うと内容をわかりやすく伝えることができる。例えば「『ローマは一日にしてならず』と言いますように，改善効果はすぐに表れるものではありません」などと表現する方法である。
　なお，バーバル表現で気をつけなければならないのは，話しをする最初や途中で，「あー」「えー」「そのー」などという癖をつけないことである。これら音引きの言葉を「言葉のひげ」という。普段から気をつけて改善するように努力しよう。

比喩を用いる

380万円の1円玉を積み上げると……

↓　　比喩↓

およそ3,800メートルの高さ　｜　富士山と同じくらいの高さ

（2）ノンバーバルの重要性

　ノンバーバルは「顔の表情」「視線またはアイコンクト」「服装」「身ぶり・手ぶり」「姿勢」「相手との距離」など，その要素は多い。プレゼンテーションは初対面の人前で行う

ことが多いので，第一印象が重要である。第一印象は次のことに気をつけよう。

a．身だしなみ：服装，ヘアスタイル，化粧，靴などを，TPO（時間，場所，場合）に合わせて選ぶ
b．姿勢と動作：背筋を伸ばし，正しい姿勢で向い合う。動作はきびきびと
c．表情：明るく豊かな表情を身につける。特に笑顔は好感と安心感を聞き手に与える
d．態度：聞き手に不快感を与えたり，生意気だと思われるような態度は避ける。「髪をさわる」「ポケットに手を入れる」「腕組みをする」「手を後ろに組む」などは聞き手の意識を散漫にして，話の内容に集中してもらえない原因を作ることになる

column

好印象を与える外見「セメテアシフクの原則」

セ：背筋をまっすぐに
メ：視線を聞き手にしっかりと向け
テ：手は両脇に安定させる
アシ：足を揃えてしっかり立つ
フク：服装を整える

（出典：関根建夫・北山国夫『プレゼンテーションこれが基本』日本経営協会総合研究所，1993）

（3）ボディーランゲージを効果的に用いる

　ノンバーバル表現の一つに，ボディーランゲージがある。聞き手の視覚に訴えるボディーランゲージは話の内容をよりビジュアルに表現できる重要な表現技術である。
　ボディーランゲージの種類は「指示的」「写生的」「数量的」「形態的」「象徴的」の五つに大別される。

a．指示的：腕や手を使って，左右，上下などの方向や，位置などを指し示す。また

体や顔を向けるなどして指し示すこともできる
b．写生的：手を広げるなどして，大きさや長さなどを示す
c．数量的：指を使って，数量や数を表す
d．形態的：腕や手で，目の前の空間にその形を描いてみせる
e．象徴的：Vサインやガッツポーズなど，象徴的な動作を示す

Let's Try 6

●次のコメントを，ボディーランゲージを交えながら話してみよう。

1．上の棚の商品は，左の方が男性の若者向けの製品，右の方はご年配の方用となっています。真ん中の列は，左から，女性向け，お子様向けと順に並んでおります。
2．茨城県の農家で，直径が1メートルもあるカボチャが収穫され，地元の話題をよんでいます。通常30センチ程度なので，その3倍以上の大きさということになります。
3．この3階建ての住宅は，3階にリビングと浴室を設けてあり，眺めが非常によくなっています。1階は車庫を広くとってあり，車を二台止めることができます。
4．京都の紅葉の名所源光庵は，丸い形の悟りの窓や四角い形の迷いの窓を通して紅葉が見られることで有名で，今シーズンもたくさんの観光客で賑わっています。
5．今日採用通知をもらいました。これまで一生懸命がんばってきたので，やった！　という気持ちでいっぱいです。

（4）アイコンタクトに気を配る

アイコンタクトとは，聞き手と視線を合わせることで意思を伝える方法である。視線を合わせることであなたに話しかけているのだというメッセージを伝えることができる。そ

のためには，原稿内容を読みながら話すのではなく，自分の言葉で話すことが大切である。

相手が一人なら，やわらかな視線を合わせ，優しさや落ち着き，信頼感を与えるようにする。大勢の時には，心持ちしっかりと目を合わせるようにすると印象に残りやすい。話の大事な場面では，伝わっているかどうかを確認するように相手の目を見て，適度の相槌を打つ。

① アイコンタクトの２つの手法

ⅰ．「Look，Smile，Talk の原則」

まず最後列の一人を Look（見て），Smile（笑顔）で，第一声を Talk（話し）始める。声が最後列まで届いているかを確認し，話し始めたら最後列から前の方に左右交互にジグザグに，一人ずつ話しかけるように視線を移していく。Ｚ型やＳ字型が一般的であるが，中心から左右へとまんべんなく視線を送るようにするのも効果的である。こうすることで，聞き手一人ひとりを大事にしながら全員に話しかけているように感じさせることができる。

ⅱ．「One Sentence，One Person の原則」

文章の One Sentence（一段落）を話す間は One Person（一人）を見ておくという原則である。聞き手が多人数でも，一対一で話しているかのようにすることを特に One on Communication という。アイコンタクトを小刻みに行うと落ち着きなく見えるので，ワンセンテンス分もしくは時間にすると約３〜４秒ほどは一人の人に視線を止め，それから次の聞き手に視線を移すようにするとよい。

会場にはうなずきながら一生懸命聞いている聞き手が必ずいる。そうした人に向かってアイコンタクトをとると，話し手と聞き手に一体感が生まれる。また，決定権をもっているようなキーマンに多めにアイコンタクトをとることも有効である。

いずれにしても，緊張したり自信がなかったりすると，つい落ち着きなく目を動かしてしまうので，目を泳がせないようにしよう。「目を泳がす」とは，聞き手の目を見ず，天井や壁に視線を向けてしまうことである。そうならないためにもしっかりと準備をしておこう。

プレゼンテーションは，言語と非言語がお互いに重なり合い影響し合って聞き手にインパクトを与えるものである。

第4章 内容の構成

1．目的の明確化

　私たちは，しばしば，あれもこれもと話したくなることがある。それは，話し手の自己満足であり，聞き手には「この人は一体何が言いたいの？」と思わせるだけで，理解できない結果となってしまう。プレゼンテーションには時間の制約もあり，内容を絞り込み，簡潔，明快に話すことが大切である。

　プレゼンテーションは聞き手に何らかの働きかけをする。したがって，何のためにプレゼンテーションをするのか，その目的を明確にし，目指すゴールは何かを事前にはっきりさせておく必要がある。目的は，大きく次のような分類ができる。

　　a．聞き手に情報を伝達し，認知を求める
　　b．聞き手に説明，理解を求める
　　c．聞き手を説得し，納得してもらう
　　d．聞き手に行動を促す
　　e．聞き手を楽しませ，リラックスしてもらう

　目的は一つとは限らないこともある。たとえば，新商品を説明し，その商品を買ってもらいたいという場合もある。つまり，説明し行動を促すということである。いずれにせよ，目的を明らかにすることによって，その目的を達成するために何を伝えるべきか，それをどのように話すかを検討することが大切である。

2．伝えたいメッセージの明確化

　目的やゴールが設定されれば，テーマに沿った内容の選択と伝えたいメッセージの絞り

込みに移る。聞き手はどんなことにこだわりがあり，何を知りたいのか，自分は何を伝えたいのか，何を説得したいのかなどを考えよう。たとえば，ペットとして犬を飼いたい人に向かって，猫がどんなに賢く，飼いやすいかなどをいくら一生懸命提案しても，話は聞いてもらえない。また，どの犬にするかを決めたい人に対して，犬の品種や習性，特徴など，相手の聞きたい内容が不足していては，聞き手は理解しにくく，どの犬にするか決めかねることになる。聞き手のニーズと自分の伝える内容が一致し理解されることで聞き手に何らかの影響を与えることができて，初めてプレゼンテーションの目的を達成したといえる。

伝えたいメッセージを明確にするための準備

① 目的の明確化
② 聞き手のニーズの分析
③ 理解しやすい内容の構成

3．内容の構成

　聞き手についての分析ができ，何について話すかその目的が明確になれば，次の段階は，それをどう話すか，つまり，筋道を立ててわかりやすく理解してもらえるように，話す内容の構成を考えることである。この作業をすることによって，限られた時間の中で，話し手にとっては自分の伝えたいことが整理でき，聞き手には話された内容がわかりやすく，全体像が把握しやすいというメリットがある。

　全体の構成としては，一般的に序論（Introduction）・本論（Body）・結論（Conclusion）の3部構成が基本である。

　序論はプレゼンテーションの導入部である。これから何を伝えるのか，伝える内容の背景，意義，ポイントなどを簡単に述べる。本論は，プレゼンテーションの中核をなすもの

プレゼンテーションの構成

序論（10〜15%）	本論（80%）	結論（5〜10%）
何を伝えるのか，その内容の背景，意義，ポイントを話す	伝えたい内容を順番に，その裏付けとともに話す	話した内容を要約し，結果を提示する

つなぎの言葉　　つなぎの言葉

で，伝えたい内容を事実や，数値，事例などをもとに筋道立てて具体的に話していく。結論はまとめにあたる。話した内容を要約し，序論で示した意義について，最終的な結果を提示する。

（1）序論の役割

　聞き手のいないプレゼンテーションはない。聞き手が聞いてくれて初めてプレゼンテーションは成立する。序論の役割は，聞き手に「よし，聞いてみよう」という意欲を起こさせるために，そのテーマとともに，これから話そうとする内容が聞き手にとっていかに大切かを知らせ，聞こうという意欲をもってもらい，話の方向を指し示すことである。
　序論で話すことは，まず，これから話す内容について聞き手に興味・関心を起こしてもらうための背景情報を紹介する。つぎに，何について話すのか（テーマ），なぜこのテーマを取り上げたか（問題提起，理由づけ），話の主旨（目的とゴール，項目の順序）とすすめていく。場合によっては，最初に結論を簡潔に話すことによって，聞き手の理解を促すこともある。

（2）本論の役割

　本論の役割は，序論で示した内容を具体的なデータや事例などを根拠にし，筋道を立てて詳しく提示していくことである。まず，話したいポイントとなる項目をキー・ポイント（大項目）として示し，それを支えるサブ・ポイント（中項目）についてデータや事実，事例など（小項目）を挙げて話す。その際，推論や俗説などは聞き手に誤解を与え，誤った結果に導く恐れがあるので，提示する場合には注意しなければならない。そして，どの項目から順番に話せば，聞き手にわかりやすく理解されやすいかをしっかり吟味する必要がある。また，内容を詰め込みすぎて，伝えたいポイントがずれないように気をつけなければならない。
　話す順番は，伝えたい内容によってその重要度や時系列（過去・現在・未来），因果関係（原因⇔結果）などを考慮し並べる方法がある。

（3）結論の役割

　結論はプレゼンテーション全体の要約である。序論や本論で示した目的や意義，問題な

どを簡潔に整理し，聞き手にどのような行動をしてもらいたいのか，伝えたいことを強調し，再度確認する。

（4）つなぎの言葉

　文章では視点や観点あるいは話題を変える場合，さらに，特に何かを強調したい場合などには段落の区切りをする。それによって，文章の前後の関連や伝えたい内容を読者に明確にする。プレゼンテーションでそれらを表したい場合は，つなぎの言葉を用いるとよい。「はじめに」「つぎに」「話は変わりますが」「ここまでが○○についての話です」「以上3つの点について」「気をつけていただきたいことは」などがつなぎの言葉に当たる。

　序論から本論，そして結論に移る場合，また，本論の中でも最初のキー・ポイントから次のキー・ポイントに移る場合，次の話題へ移行する前に先の話題との関連や中締めをするというサインの言葉を用いる。それによって，聞き手は話を聞く準備ができ，これまで聞いたことを頭の中で整理しやすくなる。つまり，聞き手の理解を促すことになる。これらの言葉を用いることは，話し手にとっても伝えたい内容を重複することなく整理でき，伝えたい内容を漏らすことなく，訴えたいことが明確になるというメリットがある。

4．アウトラインの作成

　伝えたい内容が決まれば，話す順番に従って発表のための全体のアウトラインを作成する。発表時間を考えながら，序論で全体の 10 〜 15％，本論で80％，結論で5 〜 10％の割合で作成する。この作業によって，再度，伝えたい内容，わかりやすさを確認でき，与えられた時間を有効に活用できる。

　では，ゼミナールなどのクラスで自己 PR をする場合の構成について考えてみよう。

　まず，あなた自身の何を話すのか（話題）を考え，伝えたい内容のポイントを絞る作業からはじめよう。

　はじめに，話したいことをいくつか挙げてみる。ここでは，将来の就職面接も考慮して，学生生活で力を入れていることを中心に話すこととしよう。いくつか挙げたポイントから，話したいことを「受講科目」，「クラブ活動」および「ボランティア活動」に決めたとする（キー・ポイント）。本論で話すキー・ポイントをしっかり押えておくと，伝えたいメッセージの骨組みができる。この場合，はじめに，ビジネスコースで開講されている「ビジネ

ス実務」の授業について，2番目に大好きなクラブ活動，最後にボランティア活動について話すこととする。

　つぎの作業は，それぞれのキー・ポイントについて，どのような切り口で話すかを考え，実例や根拠などをまじえ，具体的に話していこう。例えば，キー・ポイント1：「ビジネス実務」という科目については，①なぜこの科目を受講したか，②その科目でどのようなことを学んだか，③この科目が将来どのようにかかわるかなど，①～③がサブ・ポイント（SP）となる。同様に，キー・ポイント2や3についてもそれぞれの切り口を考え，①～③程度のサブ・ポイントを挙げて詳しく話す。キー・ポイントやサブ・ポイントの数は与えられた時間によって調整する必要がある。

　序論では，挨拶のあと，聞き手の関心を促すために，テーマに関連した話をしたり，あるいは，はじめに結論を話すと聞き手の関心が得やすいこともある。この場合結論として，本論をまとめる過程で「ビジネス実務」の授業中での電話応対などのロールプレイング演習，クラブ活動での仲間とのやり取り，ボランティア活動での聴衆とのかかわりなどの経験を通して，人とコミュニケーションすることは仕事をする上での基本であり，どんな職業に就いても大切であることに気がついた。そこで，この自己PRに「人とのコミュニケーションは仕事の基本」というサブ・タイトルを付けた。これは，学生生活で力を入れたことを話すことで得た伝えたいメッセージであり，結論にもつながる。

　結論では，本論で伝えた三つのキー・ポイントを要約し，一番伝えたいメッセージを再度強調する。

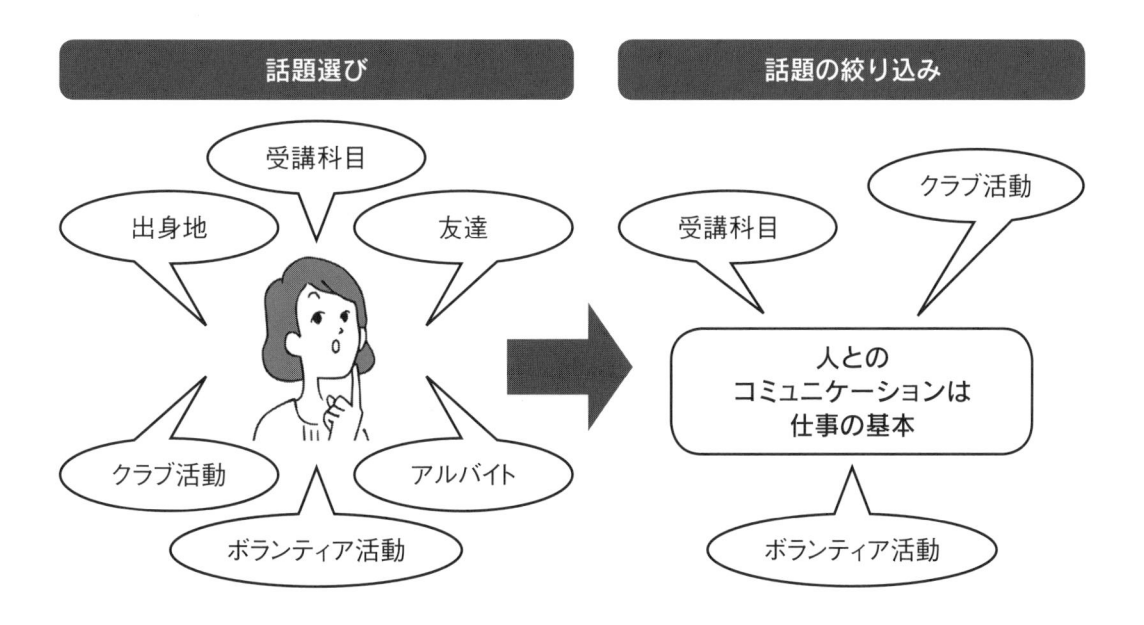

アウトライン・シート

テーマ：	自己PR ～人とのコミュニケーションは仕事の基本～

序　論	あいさつ　　　　　　　： タイトルに関連したこと： キー・ポイント　　　　：1．受講科目　2．情熱を注いでいること 　　　　　　　　　　　　3．私の社会貢献
本　論	キー・ポイント1：受講科目（ビジネス実務） 　ＳＰ①受講理由　→講義だけでなく実技演習することで意欲がわく 　ＳＰ②学んだこと 　　　→「知っている」だけではだめ。「できる」ことが大切　→実例 　ＳＰ③将来とのかかわり 　　　→将来の仕事でもコミュニケーション力を生かす キー・ポイント2：クラブ活動（弦楽四重奏部） 　ＳＰ①担当楽器 　　　→バイオリン　→子供のころから練習，どこでも演奏可能 　ＳＰ②練習方法　→クラブの仲間で互いに注意しあう　→実例 　ＳＰ③楽しいところ 　　　→みんなの息があっていい音が出たとき快感にかわる キー・ポイント3：ボランティア活動（社会貢献） 　ＳＰ①子供病院での演奏した体験 　　　→入院している子供たちが知っている曲を演奏してあげると喜ぶ 　ＳＰ②気をつけていること 　　　→雰囲気を楽しくするためのおしゃべり　→事例 　ＳＰ③これからの活動
結　論	本論の要約：授業やクラブ活動，ボランティアを通してコミュニケー 　　　　　　ションの大切さを実感 強　調　点：人とのコミュニケーションは仕事の基本であり，どんな 　　　　　　仕事でも通用する 質　　　疑： 謝　　　辞：

column

　相手を説得するときには，その理由や具体的な事例を挙げて話すと効果的である。その一つに【PREP法】といわれるものがある。

POINT（要点）　　　……　最初に言いたい結論を話す
REASON（理由）　　……　その結論にいたる理由を話す
EXAMPLE（具体例）……　理由に対する事例，具体例を挙げる
POINT（要約）　　　……　最後に自分の言いたいポイントを繰り返し話す

　では，簡単な例をあげてみよう。
P　……　約束時間より早目に現地に行っておくべきだ
R　……　天候や事故で交通機関に支障がおきて，約束の時間に相手に会えず，相手に迷惑をかけたり，自分の信用をなくしたりするからだ
E　……　就職面接の日，信号の故障で電車が15分遅れた。しかし，余裕を持って家を出たので，遅刻せずに心を落ち着けて面接に挑み，内定をもらうことができた
P　……　約束の時間より，余裕を持って現地に着いておこう

　その他に【SDS法】という構成方法もある。
Summary（要約）　……　これから何を話すかを要約して概要を話す
Details（詳細）　　……　具体例などを入れて詳細に話す
Summary（全体）　……　もう一度，何を話したかを要約する

　いずれの場合も，TPOを考えて使い分けるとよい。

Let's Try 1

●次の文を読んで，下の設問を考えてみよう。

　いま振り返ってみると，ディズニーランドでは，「仕事」＝「ゲスト」でした。これは，どの上司，先輩も一緒で，いつも会話の中心にゲストがいます。
　こんなエピソードがあります。
　遅刻をしたスタッフに対して，「遅刻や欠勤はなぜいけないのか」を説明するとき，たいていは，まわりの仲間に迷惑がかかるとか，そういった理由を挙げるでしょう。しかし，私の体験したなかでは，こんなことを言う人もいました。
　「あのね，香取さん。遅刻してほしくないのはさぁ，オープンのときに，この場所に香取さんにいてほしかったからなんだよ。
　だって，香取さんが今日のあの時間に通常通りに立っていたら，今日のゲストの中で何人かは香取さんと会って楽しい思いをしてもらえたかもしれないでしょ!!」
〈中略〉
　最初は，「アルバイト＝適当」と考えていた私ですが，そこに「ゲスト」が存在することで，「アルバイト」であっても「仕事」だし，「仕事」であれば真剣さと責任を持って「ゲスト」に接しなければならない。
〈中略〉
　ディズニーランドでは「ゲスト」でしたが，どんな仕事にも「大切にしなければならないもの」があるはずです。その「大切なもの」を本当に大切に思うこと，それが「働く」ってことなんだ，ということを教えてくれたのです。

（出典：香取貴信『社会人として大切なことはみんなディズニーランドで教わった』こう書房，2002）

（1）上の文にタイトルをつけてみよう。

（2）（1）で付けたタイトルを裏付けるものを文中の中から挙げてみよう。

Let's Try 2

● 62ページを参考にし，あなたの自己PRを作成してみよう。

<table>
<tr><td colspan="2" align="center">アウトライン・シート</td></tr>
<tr><td colspan="2">テーマ： 自己PR（　　　　　　　　　　　　　　　）</td></tr>
<tr><td>序　論</td><td>あいさつ　　　　　　　：_____
タイトルに関連したこと：_____
キー・ポイント　　　　：1._____　2._____
　　　　　　　　　　　　　3._____</td></tr>
<tr><td>本　論</td><td>つなぎの言葉　→では，はじめに_____
キー・ポイント1：_____
　ＳＰ①_____
　ＳＰ②_____
　ＳＰ③_____
つなぎの言葉　→では，つぎに_____
キー・ポイント2：_____
　ＳＰ①_____
　ＳＰ②_____
　ＳＰ③_____
つなぎの言葉　→では，最後に_____
キー・ポイント3：_____
　ＳＰ①_____
　ＳＰ②_____
　ＳＰ③_____</td></tr>
<tr><td>結　論</td><td>つなぎの言葉　→今日は皆さんに____ついて話しました
強　調　点：_____
質　　　疑：_____
謝　　　辞：_____</td></tr>
</table>

第5章 情報の収集と整理

1．情報収集の基本

（1）情報収集の必要性

　あることがらや用語について，相手に説明する場合を想定してみよう。まず，その事柄や用語について自分自身がしっかり理解していなければならないし，相手から質問があった際には十分な対応ができなければならない。また，自分のプランを相手に説明（説得）しようとする場合には，「独りよがり」や「思い込み」ではないことをデータ等によってきちんと示さなければならない。プランの独自性を際立たせるためには，関連事項について十分な検討がなされていなければならないだろう。

　いずれの場合にも，適切，広範，かつ正確な情報収集が必要となる。また，当たり前のように使っている「情報」という言葉は，広辞苑（第五版）によると「①あることがらについてのしらせ，②判断を下したり行動を起したりするために必要な，種々の媒体を介しての知識」となっている。つまり，プレゼンテーション以前の段階においても，さまざまな企画・立案をするにあたって，そのアイディアの源となる知識は，日頃の情報収集によって蓄えられたものにほかならない。

（2）客観情報と主観情報

　客観情報は，その情報に間違いがない限り，誰が扱っても同じ内容になる情報である。各種スポーツの記録とか，国政調査のデータ，科学実験で得られたデータなどが典型的なものだが，このほかに，この世の中に実際に起こった事実を知らせるニュースも客観情報ということができる。さらに，客観情報から必然的に導き出すことができる結論もまた，客観情報である。例えば，国政調査のデータから「日本では高齢化が進んでいる」という

結論が導き出されることを想定してみるとよい。この場合は，元になる客観情報が示されており，誰が見てもそのような結論に導かれるものでなくてはならない。

　一方，主観情報は，扱う人によってその情報そのものが異なってくるような情報である。「意見」「感想」などはその典型的なもので「……と思う」「……のようだ」の表現に代表されるが，「……である」と断言している意見もよく見られる。特にインターネットでは，後述するように，それほど手間も費用もかけずに，誰でも簡単に情報を公開することができるため，このような主観情報が非常に多いのが一つの特徴だ。このような情報は，時として参考にはなるものの，裏付けのための資料として使うことはできない。

（3）一次情報と二次情報

　例えば，国勢調査の結果は，実施主体である総務省がデータを公表する。このように客観情報の中でも，その情報を直接管理する立場にある側が公表する資料を一次情報といい，この場合の多くは，計算処理や統計処理が行われていない，いわゆる生のデータなので，最も信頼のおける情報と言えるだろう。

　これに対して，さまざまな機関や個人が公表した一次情報をもとに，何らかのデータ処理を行った結果得られる情報を二次情報という。例えば，総務省が公表したデータをもとに，ある研究者が「日本では人口の〇〇％が65歳以上である」と論文に記述している場合，その情報は，総務省が提供した一次情報を引用していることになる。

　このような二次情報は，元になる一次情報の出典を明示するのが常識である。もし，出典を明示していない二次情報があった場合，それをそのまま資料として使用することはできない。また，一次情報の出典が明示されている場合は，可能な限りその一次情報にあたり，そちらを資料とするように心がけることが大切だ。

　また，第6章で詳しく述べるが，すべての情報には「著作権」が存在することを忘れてはならない。

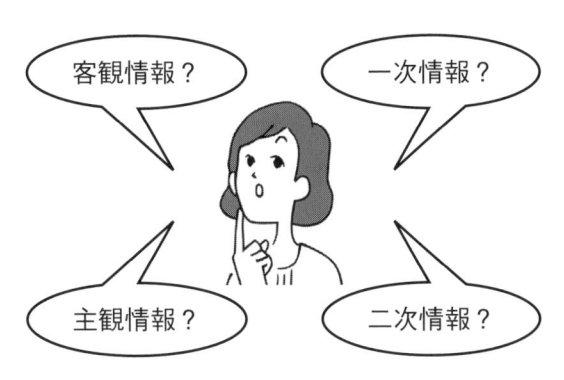

2．インターネットによる情報収集

（1）インターネットによる検索

　パソコンの普及によって，今や情報収集の主役はインターネットになっていると言っても良いであろう。何かを調べようとした場合，まずインターネットで検索するということが一般的ではないだろうか。インターネットはさまざまな情報を，しかも世界規模で検索することが可能で，まさに「情報の宝庫」と言えるかも知れない。

　一方，インターネットのWWW（World Wide Web）上には，数え切れないほどのHP（ホームページ）が存在し，知りたい情報がどこにあるのかを発見することは非常に難しい。そこで，キーワードをもとに目的のページを検索する機能をもち，HPをあらかじめ分類して体系的に整理したものを用意しているWWWのページを一般に「検索エンジン」と言っている。その代表的なものに「Yahoo!」や「Google」がある。その他にも「infoseek」「goo」「MSN」等々が存在するが，大学などで利用されているものは「Yahoo!」と「Google」がほとんどと言ってもよいであろう。

（2）インターネット情報の種類と問題点

　前述したような，検索エンジンを用いた場合に，ヒットした項目は「良質なサイト」（ただし，あくまでも運営する会社の基準に基づくもの）順に表示される。そして，情報の発信元は国などの公共機関，大学や研究所，企業や団体，そして個人と，実にさまざまだ。インターネットのすぐれた点の一つに，誰もが自由に情報発信できることが挙げられる。電子メールによる情報発信はもちろん，個人でHPを作成してインターネット上に公開することで情報発信することも可能だ。最近ではブログ（weblogの略）という自分の意見や感想を日記風に記して，閲覧者がそれに対する意見や感想を自由にコメントできる形式

column

　検索エンジンを用いれば，自分が調べたい内容のキーワードを入力することで，関連する情報の一覧を得ることができる。

　例えば，卒業研究で「テレビ CM が人々に与える心理的影響」について調べているとしよう。「Google」でタイトルをそのまま入力すると，わずか 0.22 秒で約 82,200 件がヒット（検索結果として表示）する [2010 年 10 月現在]。表示順の基準は，基本的に各社とも秘密となっているが，可能な限り良質なサイトを上位に持っていくように各社が調整していると言われる。検索結果には HP のタイトルや概要が表示されるので，それらを参照しながら必要に応じて HP を開き，自分が必要な情報を探し出すということになる。ただ，82,200 件もの項目すべてに当たるわけにもいくまい。そこで，キーワードを追加することによって絞り込んでいく。先の例で言えば，先行研究の確認が目的であれば，「論文」というキーワードを追加する。すると，検索結果は 14,300 件となる。さらに「学術」などのキーワードを追加していけば，ある程度の件数まで絞り込んでいくことができる。

　また，前述した例のようにタイトルをそのまま入力しても，ヒットしないことがある。その場合は，キーワードをできるだけ細かく「テレビ CM　心理的影響　論文」のように区切って入力することで，関連する情報を検索するとよい。さらに，キーワードを入力する際に，さまざまな「言い換え」をしてみることが必要となる場合もある。例えば，子供に関係する情報を検索する場合に「子供」だけではなく「子ども」「こども」「児童」「幼児」等々というように，表記を含めて言い換えることで，「子供」というキーワードだけでは得られなかった情報に行き当たる場合もある。

のサイトや，SNS（Social Network Service）という会員制の web サイト上で，名前や職業，趣味，写真などの個人情報を公開し，会員同士で互いに友人を紹介し合ったり，知り合いを増やしたりできる機能を提供するサービス（mixi やら GREE など）が発達し，より個人が情報発信をしやすくなった。

　それゆえに，インターネット上の情報は良質なものと悪質なもの，信頼性の高いものと低いもの，というように，まさに玉石混淆であると言える。キーワードによっては，ヒッ

トした項目の最初の方に良質で信頼性の高いものがくるとは限らない。インターネットを利用して情報収集する場合には，良質で信頼性の高い情報源を見つけ出す能力が問われる。主観情報よりは客観情報，二次情報よりは一次情報を得ることを意識しなければならない。情報を見分けるための簡単な目安として，以下に信頼性の高い情報例を挙げておく。

a．国などの公的機関やそれに準じる機関（大学や研究所など），社会的に信頼できる企業や団体が公表している一次情報。
b．国などの公的機関やそれに準じる機関（大学や研究所など）が公表している二次情報。
c．社会的に信頼できる企業や団体が公表している二次情報で，その情報に対する外部評価を可能にしているもの。

なお，特に学生によるレポートや発表にウィキペディア（Wikipedia）からの引用が目立つようになった。確かに，ある程度の信頼性はあるとはいえ，ウィキペディアは誰もが自由に記事を作成したり編集したりできるフリー百科事典である。項目によっては，ほとんど執筆者の独断と偏見による内容の場合もあるので，注意しなければならない。そこで得られた情報はあくまでも参考とし，出典や関連リンクを手がかりに可能な限り一次情報に当たるように心がけたい。

Let's Try 1

●自分が調べたいと思う事柄に関するキーワードを一つ選び，インターネットを利用してできるだけ多くの情報を集めてみよう。そして，その情報を以下のように分類してみよう。必ずサイト名，運営団体（個人）名，ホームページアドレス，入手年月日を明記すること。

・客観情報と思われるもの　　・主観情報と思われるもの
・一次情報と思われるもの　　・二次情報と思われるもの

※分類が重複してもかまわない（例：客観情報と一次情報）

3．インターネット以外の情報収集

（1）文献（活字メディア）

　インターネットが普及する以前の情報収集の主要な舞台は図書館であった。図書館には，書籍，新聞，雑誌などはもちろん，さまざまな視覚資料もそろっている。最近は，図書館でも資料の検索にパソコンを使用し，キーワードによって素早く目的の資料に行き着くことができるようになった。以前は，レファレンスカウンターで司書に相談するという場合を除くと，自分で書架をめぐり本の背表紙に書かれたタイトルを目で追いながら，必要とする資料を探し出すことが一般的であった。手間がかかる上に，慣れないとなかなか思うように資料に行き着くことができなかった反面，タイトルを目で追い，「これは」と思う本を手にとって目次に目を通し，さらに巻末の「引用・参考文献」を参照するなどして次の資料に当たっていく……という地道な作業によって，知らず知らずのうちに情報が蓄積していくというようなメリットがあった。特に論文やレポートの執筆，学術的なプレゼンテーションの準備のためには，今でも必要な作業であろう。また，インターネットでの情報収集を補うという意味でも，文献の検索は必須の作業であると言える。

① 辞書・辞典（事典）

　キーワードの基本的な意味や概念をつかむため，いわば情報収集をサポートする資料として使われるのがさまざまな辞書や辞典（事典）である。自分にとって常に利用できるものについては，購入して手もとに置くことが望ましいが，普通は図書館等で閲覧することで十分であろう。『広辞苑』や百科事典など，幅広い用語（分野）を網羅したものや，『社会学事典』『医学事典』など，専門分野の用語を詳細に扱ったものがある。また，特に時事用語を調べる場合には『現代用語の基礎知識』『データパル』などが有効だ。ただし，『現代用語の基礎知識』や『データパル』は執筆者の意見が強く反映されている場合があるの

で，必ず複数の対象に当たることが望ましい。

② **書籍**

既に多くの研究者等によって検討されているようなテーマについては，それらの研究者の著作などを一読しておく必要がある。自分が思いついた仮説やアイディアがオリジナルなのかどうかを確認できるし，自分の考えを整理することもできる。どのような書籍に当たればよいかは，個人の力量ではなかなか難しく，特に専門書の場合はまず「基本書」と呼ばれるものは必読で，それには識者（専門家や教員など）のアドバイスが必要になってくるだろう。取りあえず，自分が対象としている分野でどのような書籍が出版されているのかを，図書館の蔵書検索システムなどを利用して知ることから始めるとよい。また，専門書の場合は必ず章末や巻末に「引用・参考（参照）文献」が記されているので，それらをもとに情報を集めていくこともできる。

③ **新聞記事**

現在，あるいは過去に起こった出来事について調べる場合，もっとも有力な資料が新聞である。新聞は，各新聞社がインターネット上にHPを開設しているため，いわゆる「電子版」を閲覧することも可能であるが，特に調査対象が過去である場合は電子版では対応ができない。新聞といえば，朝日新聞・毎日新聞・読売新聞・日本経済新聞・産経新聞の

column

全国紙1紙には，新聞社によって多少の違いはあるものの，およそ60万字（新書版の書籍に換算すると4，5冊分）が詰まっており，政治，経済，社会，外交，スポーツなど，あらゆるジャンルが網羅されている。全てを熟読することは困難ではあるが，新聞に毎日目を通すことによって，世の中の動きをある程度，把握することができるだろう。特定の出来事について検索する場合は，図書館に新聞そのもの，もしくは縮刷版（発行していない新聞社もある）が揃えられているので，それらに当たることが基本である。しかし，膨大な量の紙面に目を通すことはほとんど不可能であるため，新聞社が公開しているデータベース（有料）を利用することが望ましい。大学の図書館などでは，利用者が無料でデータベースを利用して記事の検索ができるようになっている場合もある。

ような全国紙，北海道新聞・中日新聞・西日本新聞のようなブロック紙，神戸新聞・京都新聞といったように各都道府県に取材エリアと読者を限定している地方紙（地方紙を持たない都道府県もある）といった日刊の一般紙を指すことが多い。その他にも電気新聞のような業界紙，日刊スポーツ，スポーツニッポンのようなスポーツ紙，夕刊フジのような夕刊紙，その他に競馬新聞のような趣味紙が発行されている。

④ 雑誌記事（論文を含む）

現在，国内では1万誌以上の雑誌が流通している。雑誌とは週刊誌，月刊誌，季刊誌，業界誌，スポーツ誌，レジャー誌，趣味・娯楽誌，タウン情報誌などが挙げられるが，一般的に情報源として雑誌を捉えた場合，週刊文春や週刊新潮などのような週刊誌と，世界や文藝春秋のような月刊誌が主な対象となるだろう。週刊誌は新聞で得た情報を補完するために役立つし，月刊誌の場合は特定のテーマについてより掘り下げた情報を得るために役立つはずだ。ただし，新聞とは違って雑誌は出版する出版社のカラーが色濃く反映される場合が多いため，情報の扱いには慎重さが要求される。また，一般的な雑誌とは趣を異にするが，研究論文などを掲載した学術情報誌（大学が発行する紀要など）が存在する。

雑誌の場合も，新聞と同様にバックナンバーが図書館に保管されているが，特に週刊誌はある一定の期間を過ぎると破棄されてしまうケースがある。過去の記事を検索する場合には，国立国会図書館や日経BP記事検索サービス，大宅壮一文庫データベースなどを利用する必要が生じてくるだろう。また，学術論文については，CiNii（NII論文情報ナビゲーター）などによって検索が可能である。これらは，有料のものもあるが，新聞社のデータベースと同様に，大学の図書館などでは利用者が無料で使えるようになっている場合が多い。

⑤ その他

これまでに挙げた文献資料の他に，「国民生活白書」「警察白書」といった白書や，「内閣府世論調査」「消費動向調査」といった調査類に代表される政府刊行物がある。もっとも，これらはインターネット上で閲覧できるものがほとんどなので，文献（活字メディア）資料とは言えなくなってきているというのが現実かも知れない。また，企業のＰＲ誌やパンフレット，カタログの類も，広い意味での文献（活字メディア）資料と言えるだろう。特に，企業研究や商品研究などをテーマとした資料収集を考えた場合，情報源としての価値は高い。学生向けの会社案内などは，個別の企業の最新動向を知る場合には非常に便利な情報源となる。

（2）視聴覚資料

　視聴覚資料としては，市販されているCD，ビデオテープ，DVDなどのソフト，インターネット上の音声や動画，テレビやラジオなどの番組，自身で録音・撮影した音声や映像などが挙げられるだろう。DVDなどのソフトは，購入するという入手法もあるが，たいていの場合は図書館やレンタル店などで貸し出しを受けることになる。貸し出しを受けたものは，一定の期間に視聴する形になるが，原則的にコピーなどによって手もとに置くことはできない。インターネット上の音声や動画の場合は，ダウンロードできることもあるので，資料として手もとに置くことは可能だ。テレビやラジオなどの番組は，放送を録音・録画することで資料として手もとに置くことはできる。しかし，いずれの場合も著作権の面から，実際に使用する場合には慎重さを要する。

　特にラジオやテレビの番組は，一過性の要素が極めて強い（その番組を録音・録画しない限りは視聴後に資料として残すことができない）うえ，文献とは違い過去の番組を資料として入手することは非常に困難（一般に公開されているケースはほとんどない）という側面がある。新聞のラジオ・テレビ欄などを活用して，常に番組をチェックしている必要があろう。特にニュースやドキュメンタリー，教養番組は情報源としての価値が高い。自分なりの録音・録画計画を立てると同時に，何気なく視聴している際にも必要な情報が放送されたらすぐに録音・録画できるような態勢を整えておくことが大切である。

（3）インタビュー・アンケート調査など

　どのようにメディアが発達しようとも，元々の情報発信源は「人」である。人からの情報は，確かに信頼性という点では「その人次第」という面が否定できないものの，新鮮さやリアルさは他の情報源に勝っているし，疑問点などをその場で解決できること，相手の知識や経験といった付加価値がつくことなど，さまざまなメリットが考えられる。「聞くは一時の恥，聞かぬは一生の損」という言葉に象徴されるように，人からの直接の情報収集は基本中の基本と言えるだろう。身近な人々との何気ない日常会話の中から，思わぬ情報を入手することもある。また，これまで述べてきたような資料に当たる場合でも，図書館の司書や大学教員などにアドバイスを求めることは極めて有効だ。

　さて，人から情報を得る行為は，広い意味でのインタビューということになるのだが，ここでは日常的に接触がない情報のキーパーソンに直接会って話を聞くことに限定して考

えてみよう。その場合には，単に会って何気ない会話ができればよいというわけにはいかない。相手の貴重な時間を割いてもらうわけであるし，大抵の場合は再度会ってもらえるという保証もないからだ。インタビューに臨む前に質問項目を整理する，場合によってはインタビュー相手についての下調べをするなど，周到な準備が必要となる。その上で，相手とアポイントを取るわけだ。インタビューは時間が限られている場合がほとんどなので，効率良く質疑応答を進めていかねばならない。インタビューの際は，相手の発言をメモするのが基本であるが，同意が得られればボイスレコーダーなどの録音機器を使用するとよいだろう。終了後，いわゆる「テープ起こし」をすることによって，正確に会話を再現することができるからだ。

　また，人から直接情報を得る方法の一つにアンケート調査がある。あらかじめ用意した質問項目について，不特定多数の人々から回答を得て比較できる意見を集める社会調査の手法の一つで，その回答様式によって面接方式をはじめとしてさまざまなやり方が存在する。質問用紙に回答を記入してもらう方式が一般的だが，最近は先述したインターネットのSNSなどを利用する方法も用いられる。アンケート調査を実施する上での注意点は多々あるが，調査の目的と結果の使用法について明記することを忘れてはならない。また，質問が極端に片寄らないようにしたり，誘導尋問的にならないようにする配慮も必要である。できるだけ実施前に，世論調査や統計学に精通した人にアドバイスを受けた方がよいであろう。

4．収集した情報の整理と分類

（1）資料の規格化（標準化）

　集めた情報（資料）のほとんどは，視聴覚資料を除けば，現物そのもの（新聞の切り抜きなど），現物をコピーしたもの，あるいはインターネット情報などをプリントアウトし

たものになるはずだ。それらは紙の大きさもまちまちになっているであろう。保管の方法にもよるが，紙の大きさがまちまちだと物理的に抜け落ちたりして紛失するリスクが生じる。また，次項で述べるファイリングの際にも不便だ。そこで，可能な限り紙の大きさを統一しておくことが求められる。代表的な紙の大きさはB4および，その半分の大きさであるB5，そしてA3および，その半分の大きさであるA4がある。できればA4系（A3は二つ折りにすればA4になる）かB5系（B4は二つ折りにすればB5）のどちらかに統一しておくとよい。現在，公的機関や企業などで使用されている文書用の紙はA4が一般的であるので，A4系に揃えておいた方が何かと便利かも知れない。

　紙の大きさを統一した上で，できればフォーマットの統一規格も決めておく。例えば，新聞記事を整理する場合に，分類（インデックスとして記事の分野を分けておく），紙名，日付，朝夕刊別，掲載面など，フォーマットを定めて資料（切り抜きやコピー）に記載しておくことをお勧めする。これは，現在調査している対象の資料としての使い勝手が良くなるばかりではなく，後々になって別のプレゼンテーション用に再度情報を使う必要が出てきた場合，検索に活用することができるからだ。引用する場合には出典を明記する必要があるわけだが，その際にも役立つことになる。

（2）ファイリング

　時折，集めた紙の資料を束にして持ち歩いている人を見かけるが，紛失や破損の恐れがあるばかりか，資料を実際に活用する場合にも非常に不便である。資料を保管する場合には，きちんとファイリングしておかなければならない。市販されているファイルにはさまざまなものがある。バインダー式ファイルやポケットファイル，ボックスファイルやフォルダー（クリアーフォルダー）などがあるが，資料の量や利用方法にしたがって自分が最も適切だと思えるファイルを選択すればよいだろう。人によっては，紙封筒を利用している場合もある。

　ファイリングの方法もまたさまざまあり，それぞれに特徴や長所・短所があるため，最も優れた方法というものは存在しない。ここでは一例として，比較的広範に，大量の資料を入手した場合のファイリングの方法を紹介しておく。それは，まずボックスファイルを用いる方法である。ボックスファイルは，

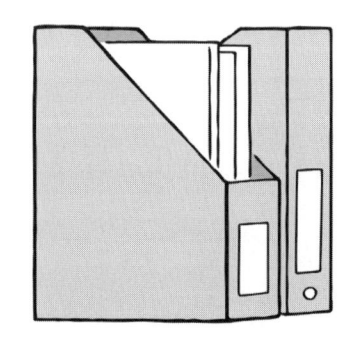

a．入れるだけなので手間がかからない
b．規格を統一できないような写真，CD（DVD），ビデオカセットなども入れられる
c．出し入れが自在である
d．集めた資料をいっぺんに移動できる

などの特徴がある。そうやって，集めた資料の散逸を防ぐのである。その上で，フォルダー（クリアフォルダー）を併用して，およその分類にしたがって主に紙の資料を単位ごとにまとめていく。最終的にプレゼンテーションの構成が固まるまでは，常に資料は出し入れ（分類の変更など）があるため，敢えてバインダー式ファイルなどに固定しないことがポイントだ。プレゼンテーションの準備を終えた時点で，保存用としてフォルダーに分類したファイルをバインダー式ファイルに固定すればよい。もちろん，別のプレゼンテーションに資料を利用することが分かっている場合は，フォルダーをボックスファイルに入れた状態で保管しておく。

なお，ファイリングをする際には，手にした資料に目を通しながら作業を進めていくことが大切だ。目を通すことで，資料が頭の中に整理されていくし，こうした作業によって調査対象に関する知識が蓄積され，その後のすべての作業について「考える」ための素地となっていくのである。

（3）リストの作成

集めた資料について，できるだけリストを作成しよう。リストは最低限「自分の手もとにある資料」「検索でチェックしたが入手していない資料」に分けて作成しておく。地味な作業だが，これによって未入手の資料がすぐに分かるし，重複して資料を入手することも避けられる。また，集めた資料をすべて持ち歩くわけにはいかないので，出先で資料収集状況を示す場合などに有効となる。

（4）ノートやカードの作成

いざ資料を集め始めると，それが面白く感じられた場合には資料集め自体に「ハマッて」しまい，結果的に手もとに膨大な資料をため込んでいくものの，それを活かし切れず「眠っている資料」が山積みになってしまうようなことが起こる。資料を集める目的は，あく

までもプレゼンテーションの準備のためであることを忘れず,「集めたものの結局は使わなかった」という事態は絶対に避けなければならない。また, 人の心理として, せっかく集めた資料はできたらすべて使いたいということがあるだろう。だが, 漫然と資料を並べるだけでは効果的なプレゼンテーションができないことは自明である。厳選した情報（資料）のみを引用, あるいは提示する一方で「実はその裏に膨大な裏付けの資料がある」ということを相手にアピールするのが大切だ。

そのためには, 資料を集める過程で（あるいは整理していく過程で）, 特に引用や提示の必要があると思われる内容・項目について予め抜き出しておく作業が必須となる。書籍を精読する際に作成する「読書ノート」をイメージするとよいだろう。ページを読み進める中で, 重要と思われる部分や引用できると思われる部分などがあった場合, それを抜き書きしていき, なおかつ, 自分のコメントも添えていくのが一般的な読書ノートであるが, それと同様の作業を集めた資料についても行っていくわけだ。また, プレゼンテーションの構成を考える際に役立つのが, 主な項目を抜き書きしたカードである。カードの大きさは問わないが, 留意点は「必ず1枚のカードには一つの項目」を意識することだ。

なお, パソコンが普及した現在, ファイリングを含めてこれらの作業をパソコン上で行うことが考えられる。スキャナ等の機器が備えられていれば, 資料の大半もパソコンに取り込むことが可能で, いわゆる電子ファイル化して整理・保存できるからだ。ノートの作成も, パソコン上で行っておけば追加, 修正などの作業が容易となるばかりでなく, 実際にプレゼンテーション用の資料やレポートを作成する際にも大変便利である。

Let's Try 2

●自分が調べたいと思う事柄に関して, 収集した資料をファイリング, 分類した上で, 重要だと思われる項目をカード化してみよう。

> カードの例
> 出典：(資料の出典とともに, 書籍や雑誌ならば掲載ページを明記)
> キーワード：(レポート等で立てた節や項の名称など)
> 内容：(必要と思われる情報)

第6章 資料の作成と引用・要約のルール

1．資料の作成

（1）資料の作成の基本

　書籍や新聞や雑誌の記事またインターネットなどによって調査した資料は，そのままではプレゼンテーションの資料にならない。それらは，単に収集した情報にすぎないからである。プレゼンターは，情報を整理し，聞き手に伝えるべき情報を整理，加工しなければならない。

　一方で，これまでにも述べたように，プレゼンテーションはあくまで話すことが主体であるので，資料は補足的なもの，副次的なものであることにも留意して作成しなければならない。

　資料の作成は，次の手順で行う。

　a．資料収集……必要な情報を収集する。文献資料，画像・映像情報，商品などのパンフレット，売上高などの数値データなど考えられる。

　b．時間配分と，情報の取捨選択……プレゼンテーションでは，与えられた時間は厳守しなければならない。その目的にそって，情報に優劣を設け必要な情報から選択する。

　c．原稿の作成……選択した情報を加工する前に原稿を作成する。原稿に作成については，第4章に詳しい。

　d．資料作成……資料を，原稿にあわせて準備，作成する。

　e．資料と原稿の点検……資料は，プレゼンテーションでは補足的なものであることは，先にも述べた。プレゼンテーションで話す内容と資料との整合性を点検しながら，資料と原稿を同時に推敲し手直しを行う。

また，提示している数値や引用した出典などに間違いがないかどうか，くれぐれも念入りに確認しよう。

....

　最後に，資料は，話す内容が最初にあって初めて資料としての役割を果たす。話す内容や順序に対応している資料であるかどうか，繰り返し確認することを心がけたい。

（2）資料の種類と選択

①　資料の種類

　プレゼンテーションで，準備する資料は大きく二つに分けることができる。一つは，聞き手全員に渡す「配付資料」である。二つ目は，聞き手に見せるための「提示資料」である。両方の資料を用意する場合もある。

　資料の種類には，「配付資料」としてレジュメ，学校案内や商品などのパンフレット，また商品見本などの実物資料もそれに含まれる。また，主張したり説明したりする話を補強するために，裏付けとなる数値的データ，そのグラフ，新聞記事のコピー等を，補足資料として配付することも大切である。補足資料は，詳細性や正確性が重要な要素となる。

　「提示資料」には，パソコン，OHP・OHC，ホワイトボード，DVD，ポスターなどのツールを利用するものがそれにあたり，聞き手の視覚に訴えることで，効率的でわかりやすいプレゼンテーションを行うことができる（第2章「ツールの種類と活用」参照）。

②　資料の選択

　プレゼンテーションの種類によって，「配付資料」が適切か，「提示資料」が適切か，選択しなければならない。20～30名程度の大学でのゼミナールでの発表や，企業での7～8名程度での方針会議などでは，レジュメやデータなどの補足資料を用いたプレゼンテーショ

資料は聞き手の人数に合わせて選択しよう

ンが効果的である。また，50名程度の聞き手に対して行う商品説明などのプレゼンテーションでは，パンフレットや実物資料などの配付が有効だろう。

　100名を超える多くの聞き手に対するものでは，メッセージをシンプルにし，視覚に訴えるビジュアル化された「提示資料」を選択するとよい。資料作成は，聞き手の人数に合わせて選択しよう。

（3）レジュメの作成

① レジュメの形式

　レジュメの説明は，第2章にある。ここでは，実際に作成する基本的な要素を挙げ，作

レジュメの実際例［ゼミ発表・卒論発表会のレジュメ］

① 　大化大学・経済学部　田中一郎教授ゼミ発表資料
② 　平成〇年4月18日　大化大学A号館101教室
③ 　テーマ　大阪・堺の歴史　―中世と近代―
④ 　発表者　山田太郎
⑤ 　発表内容
　1．自治都市・堺の黄金時代　―明との貿易港として―
　2．鉄砲，包丁など金属産業の中心地
　3．1891年・堺市制はじまる　―日本初の私鉄について―
　4．戦後の堺市　―2006年，15番目の政令指定都市となるまで―
⑥ 　結論
　　大阪・堺市は，中世は，対中国との貿易で世界的な港町として栄えた。そして，先端産業である金属加工が盛んとなり，近代以降もさまざまな産業の先駆けとなる都市となった。2006年には，大阪府で2番目の政令指定都市となり発展を続けている。
⑦ 　資料　大阪堺市年表（添付）
　〔参考文献〕戸部始『堺の歴史』（〇×出版，1990年）
　　　　　　　船場利休『日本の大都市』（△△書房，2000年）

成上の具体的留意点を学ぶことにする。
　レジュメには，以下の要素が不可欠で，A4サイズを基本と考えよう。

---

　　a．題目（タイトル）
　　b．年月日，場所，会場
　　c．氏名，所属
　　d．話す内容の項目（アジェンダ）
　　e．項目毎の要旨（サマリー）
　　f．結論
　　g．補足資料，参考文献など
　　　　◦補足資料は，「添付：○○」などタイトルのみ記し，実物は別刷りすることも多い。
　　　　◦個人情報や機密事項などが記された資料は，プレゼンテーション終了後，回収する。その場合「要回収」と赤字であらかじめ記しておく。

---

② レジュメ作成の留意点

　レジュメは，重要な項目を整理したものなので，内容は完結であることが大切である。発表の内容にそってキーワードを順序よくならべる。プレゼンターは，まず自己紹介のあ

レジュメの実際例［商品説明のレジュメ］

① 新型デジタルカメラの登場，デザインは古典的なデザイン。
② ○○電気株式会社の新製品。
③ 価格は，激安の35,000円。
④ 機能は手ぶれ自動補正あり，防水あり，画素数10,000画素である。
　　旧製品は手ぶれの補正は後で必要，防水機能もなく，画素数も5,000だった。
⑤ 業界誌△△では，「レンズはこれまでになく高機能で，美しい写真が撮れます。また，価格も考えられないほど手頃です」と紹介。
⑥ 商品の取り扱いは，本日の平成○年9月10日から9月30日まで。
⑦ 担当は，山本電機・鈴木三郎です。

と「お手もとのレジュメをご覧下さい。その順序にそってお話しさせていただきます」と述べてプレゼンテーションを進める。レジュメも話の展開にそった順序で項目が記されていなければならない。全体に主要となる内容をまとめたもので十分だが，結論は簡潔な文章でまとめるようにしたい。

　なお，レジュメは，文書資料として配付することを前提に作成される。結論など，重要な内容は，記録性という点からも，正確で慎重な表現が求められる。

　また，個人情報や機密性の高い資料等を配付した場合は，赤字で「要回収」と記して，プレゼンテーション終了後に回収するか，同じく赤字で「マル秘」「貴職限り」などの印章を押し，他の人の眼に触れないような注意を促す。

（4）提示資料の作成

① 提示資料の作成とコンピュータソフト

　レジュメの中に，画像やグラフまた視覚的効果のある資料を入れて，ビジュアル化された配付資料を作成することもできる。

　しかし，第2章での説明のように，現在もっとも一般的で，効果的かつ利便性の高いプレゼンテーションソフトは，パワーポイントであると言える。

〈パワーポイントでのプレゼンテーション〉の手順
　　a．タイトルを決定し，タイトルバーを作成する
　　b．ポイントを箇条書きにする
　　c．写真やイラストなどを挿入する
　　　◦話す原稿は，1分間に300字程度が基本である。スライドは，1分間に1枚を基本とする。
　　　◦タイトル文字は，44ポイント，文字は32～20ポイント程度とし，身事情法は1スライドに過度に詰め込まないようにする。
　　　◦画像やイラストが，プレゼンテーションの内容を象徴しているものか，注意する。
　　d．結論は，キーワード化して，完結に内容が伝達できるよう工夫し，最後のスライドには「ご静聴ありがとうございました」といった結びの挨拶を入れる

[ソフトによる資料作成例]

①
大阪のシンボル
～通天閣の謎～
山田　花子

②
大阪のシンボルたち！
大阪城
くいだおれ太郎
太陽の塔

③
通天閣の基礎データ
円柱形エレベーター
世界初！！
所在地	大阪市浪速区恵美須東1-18-6
面積	204㎡
高さ	地上100m
設計者	内藤多仲

④
初代通天閣
○ 1912年7月3日に初代通天閣誕生
○ パリのエッフェル塔と凱旋門がモチーフ
○ 当時、東洋一の高さを誇っていた

太平洋戦争中の1943年、
直下にあった映画館・大橋座に火災
↓
通天閣の脚部が加熱により強度不足

1943年2月13日から解体　姿を消した

⑤
まとめ
○ 今みている通天閣　実は 2代目
○ 円柱型エレベーター　世界初！！

○ 時代とともに変わっていく世の中だが、
変えてしまうのも守るのも自分次第

⑥
参考文献
通天閣オフィシャルサイト
http://www.tsutenkaku.co.jp/
通天閣ウィキペディア
http://ja.wikipedia.org/wiki/%E9%80%9A%E5%A4%A9%E9%96%A3
Yahoo!
http://www.yahoo.co.jp/

ご清聴ありがとうございました。

[解説] 資料例は，ある大学の卒業研究発表会で，大阪の「通天閣の歴史」について調査したものをプレゼンテーションするために作成された発表用資料である。タイトルは①のように大きめのポイントの文字で提示する。口頭で詳しく説明するものは，重複を避け②と③のように視覚に訴えるものをシンプルに提示することが基本となる。強調しなければならない内容のみを，④と⑤のように文字情報として提示することが望ましい。最後に，「参考文献」を示すことと，「ご静聴ありがとうございました」などの挨拶も忘れないようにしよう。

② ビジュアル資料の留意点

　パワーポイントなどプレゼンテーションソフトを用いた資料作成には，いくつかの留意点がある。

　一つ目は，技術的な事柄である。イラストや文字などが多用できるので複雑な構成のものを作成しがちになる。情報は整理してスライドの情報はできるだけシンプル化する。また，文字情報だけでは伝達しにくいものは，色彩，イラストなどでイメージ化し，感情や感覚も伝わるようなセンスが必要である。

　二つ目は，プレゼンテーションそのもの問題である。ソフトでの資料はわかりやすいものではあるが，これもプレゼンテーションを成功させるための資料にすぎない。資料を作成することが最終的な目的ではないことを忘れてはならない。

③ その他の提示資料

　OHCやシート，パネルなどを用いて，テレビ番組などでよく見られる提示資料の作成法を紹介する。この方法は，パワーポイントのソフトを用いても，すぐに作成することができる。

....

a．マスキング法（部分投影法）

　　シートの一部にマスク（目隠し）をかけて，進行中の説明に不要な部分を隠しておき，聞き手に対し必要な部分にだけ注目を集めるプレゼンテーション資料。テレビの情報番組やクイズ番組等でよく用いられている。

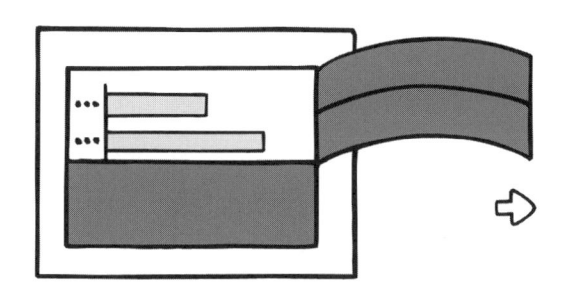

b．オーバーレイ法（重ね合わせ法）

　　シートの上に別のシートを重ね合わせたり，はずしたりして，聞き手に説明のポイントを印象づけるプレゼンテーション資料。例えば，グラフを重ね合わせて，や

地域ごとの人口動態を説明したり，天気図に記号を重ねて，天候の状態を説明したりする。

　テレビのニュースや天気予報などの番組で用いられている。

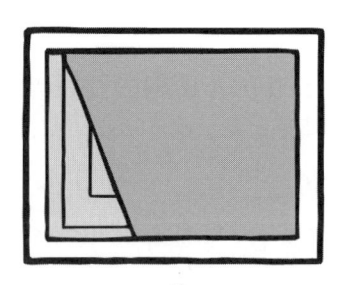

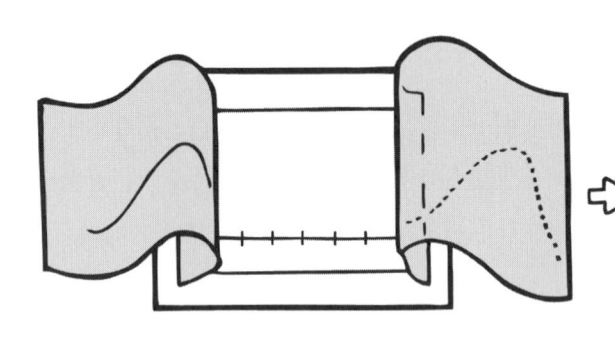

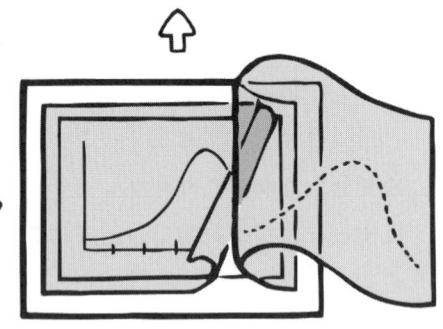

2．引用と要約

（1）引用と要約とは

① 引用とは
　プレゼンテーションを行う際，他の人が調査したり考察したりした多くの情報の恩恵を私たちは受ける。引用とは，他の人の調査や考察を原文のままで直接取り入れ，資料作成を行うことである。

　引用とは，プレゼンターの主張したいことに客観性や説得力をもたせることを目的とする。そのため，まず，大切なことは，プレゼンテーションで何を伝えるのか，目的は何かを明確にすることである。

　その目的を達成するために，その目的をより適切に表現している。あるいは，異なる観点から，そのことについて説明している。そうした文献などの表現が，プレゼンテーションに効果的な情報となるか検証しながら，引用をしたい。

② 要約とは

　プレゼンテーションで他の人の意見を参照する場合，文献を例にすると，一般に「引用文献」と「参考文献」に分けることができる。「引用文献」は，先に記したように，原文のままプレゼンテーションの原稿や資料に取り入れることを意味する。

　一方で，要約とは，参照した文献などの内容の要点をまとめることである。必要な箇所を主としてプレゼンテーションでは要約することになるが，プレゼンテーションの目的に即して，プレゼンターの都合の良い要約になりがちな点があるので，注意を要したい。次の「引用と要約のルール」で記すが，勝手な解釈や改変は絶対に慎まなければならない。

（2）引用と要約のルール

① 著作権

　引用や要約に用いる他者が公表している情報には著作権が認められており，無断で使用することはできない。

　「著作権法第 32 条」で引用については，次のように定められている。

....

　32 条　公表された著作物は，引用して利用することができる。この場合いおいて，その引用は，公正な慣行に合致するものであり，かつ，報道，批評，研究その他の引用の目的上正当な範囲内で行われるものでなければならない。

　2　国若しくは地方公共団体の機関又は独立行政法人が一般に周知させることを目的として作成し，その著作の名義の下に公表する広報資料，調査統計資料，報告書その他これらに類する著作物は，証明の材料として新聞紙，雑誌その他の刊行物に転載することができる。ただし，これを禁止する旨の表示がある場合は，この限りではない。

....

　引用する時は，「著作権」に抵触しないかどうか十分に注意し，出典は必ず明示する。

② 引用と要約のルール

....

a．文献など

　資料を作成では，情報についての出典を示していない場合，他人の調査や考えを自

分のものとして発表したことになり，剽窃という罪になる。引用の末尾に，著作者（筆者，発表者）・出典名（文献，新聞，雑誌，ホームページアドレスなど）・発行所（出版社名，発表団体・責任者名など）・発行年（月・日─新聞，雑誌は必ず）を記す。

　学会などの研究発表では，厳密さが求められるため，文献などの引用箇所のページまで記すことも多い。専門の学術分野でそれぞれ慣例があるので，アカデミック・プレゼンテーションでは，自分の専攻する学術分野の慣例にしたがうことが必要である。また，要約して用いた場合は，参考文献として，資料の最後にまとめて記すことが一般的である。

b．画像，映像，音声など

　現在，インターネットにつながったパソコンからは，文章化された情報だけではなく，画像や映像も即座に手に入れることができる。

　例えば，パワーポイントなどのプレゼンテーションソフトでは，そうした画像や映像の一部を貼り付けて，簡単にコピーすることができる。しかし，その作成者は著作権の保持者であり，著作権者の許可無しに，無断で写真，ロゴマーク，イラスト，また音楽などを用いることはできない。

....

　大学などで教育目的に用いる場合は，使用の際かならず，ホームページアドレスなどの出典を記す必要がある。また，営利目的で団体や企業等がこれらを使用する時は，著作権者に，許可を得たり，著作権料を支払ったりする手続きがいる。特に，インターネットで得られた情報を用いるには，著作権や肖像権の問題があることを認識しておこう。

3．資料とプレゼンテーション

（1）資料とプレゼンテーションの3P

　プレゼンテーションの準備には三つのPが必要であると，第1章で説明されている。Plan，Presentation Skill，Personalityという三つのPである。

　資料は，その中のPlanにかかわる事項である。時間配分を考慮しながら，プレゼンテーションの目的に合わせて，さまざまな資料の種類と作成方法がある。

　しかしながら，プレゼンテーションの3Pの中で，いちばん大切な要素は，Personality

である。これには，態度や服装といったものも含まれているが，要はプレゼンターの人間性が問われてくる事柄である。話し手の誠実さ，余裕，情熱などの人間性が，聞き手に伝わるかどうかが，プレゼンテーションの正否を分けるカギである。プレゼンテーションにおける資料は，それを支える補助的なものだということを，改めて念押ししておきたい。

（2）資料の意義

資料の善し悪しでプレゼンテーションの正否は決定することも確かで，資料作成は，たいへん重要な事柄である。しかし，プレゼンテーションの目的は，聞き手にその内容を説明したり，納得させたり，説得したりすることにあるのだから，資料はその一部のツールに過ぎないことも認識しておかなければならない。

新しいソフトが開発され，プレゼンテーションのために，ますますわかりやすく魅力的な資料作成が可能となっている。しかし，資料作成は，プレゼンテーションの一部に過ぎないことを最後にもう一度，強調しておきたい。

資料よりも，大切なものはプレゼンター自身

第 2 部 実践編

実践編は，その名の通りこれまで基礎編で学んできたことを大学やビジネスの場面で実際にどのように生かすかを具体的に学ぶ内容になっている。
自己紹介・自己 PR，ゼミでの発表や卒業研究発表，
さまざまなパターンのポスターセッション，ビジネスの重要な場面である
セールストーク，企画・提案のためのプレゼンテーション，
そしてディベートやディスカッション，ミーティングを一つひとつの章に分け，
それぞれについて具体的に学べるようになっている。
知識や技法は実際に生かしてこそ価値がある。ここで学んだことを，
いろいろな場面で有効活用し役立てられるよう十分に身につけてほしい。

第1章 自己紹介と自己PR

1．自己紹介

（1） 自己紹介はコミュニケーションの入り口

　入学，入社，クラス替え，人事異動，転勤，転職，趣味などを通じた集まりや会合，サークルやアルバイトでの出会いなど，「自己紹介」をする機会は限りなくある。
　さらに，就職活動では，エントリーシート，履歴書，面接……自己PRという目的を含んだ自己紹介をする機会も，一生のうちで一度や二度ではすまなくなってきている。
　自己紹介も自己PRも，書いて伝えるもの，話して伝えるものの両方がある。いずれにしても，あなたを知ってもらうはじめの一歩，その後の人間関係の第一歩となる重要なコミュニケーションである。

（2） 自己紹介は好感度獲得型プレゼンテーション

　自己紹介で伝えるべきことは何か，情報としては顔と名前が一致すれば十分で，趣味や特技，出身地などについては正確に覚えてもらうことはさほど重要ではない。ほぼ初対面の段階では，まず，「よさそうな人だな」「カンジのイイ人だな」と思わせる，トータルな好印象，感じのよさを伝えたい。
　イベントやその他の会合で組織を代表して挨拶するような場合でも，話す内容よりも，感じよく話すことが優先されることが多い。就職活動における「面接」はどうだろう。面接は面接官の心を動かし「採用する」気持ちになってもらう「説得型」のプレゼンテーションであるが，それ以前に「この学生はなんとなくイイカンジ」と思ってもらえるような「感じのよさ」を伝えることが前提となってくる。
　このように，ほぼ初対面の場面での自己紹介や挨拶，スピーチ，面接など，今後の人間

関係やコミュニケーションを円滑にすることを主な目的としたプレゼンテーションは「好感度獲得型」プレゼンテーションといえる。好感度獲得のプレゼンテーションを行う場面は決して少なくない。そして，多くの場合，それは今後に続くコミュニケーションの大切な土台となるのである。たった1分程度の自己紹介でも大切なプレゼンテーションの機会だということを意識するようにしよう。

（3）感じのいい自己紹介のヒント

・はじめに挨拶をする。（例：「みなさん，こんにちは」と切り出して話し始める）
・名前はフルネームを名乗る。（意外に実践している人は少ない）
・自分を印象づけるための「ひとこと」を工夫して用意しておく。
・最後にもう一度，名前を名乗る。
・結びの挨拶を述べる。（例：「気軽に話しかけてください。よろしくお願いします」）

　自己紹介や自己PRをするときに自分自身の何を紹介するか，を考えるためには，まずは自分というものがわからなければならないだろう。そこで，まず最初に自分自身のことをあらゆる角度から見つめる必要がある。

　また，この自分自身を見つめることは，自己分析・自己認知→自己受容→自己イメージの確立へと続くプロセスの入口でもあることを理解しておこう。

Let's Try 1

●「自分」のことを考えるセッション＝自己紹介ネタシート。
　次のシートを使って，自己紹介や自己PRの材料を集めてみよう。
　言い換えれば，ネタの洗い出し作業をする表である。いろいろな場面や聞き手を想定して，同じような事柄でもどのように表現し伝えるか，そのことをイメージできるように，カジュアルな場面とあらたまった場面で書き分けられるようにしている。

記入の注意点

　a．この表に記入するときは，静かに心を落ち着けて取り組むようにする

自己紹介ネタシート

カジュアルな場面	あらたまった感じの場面
自分の名前	自分の名前
今ハマっていること	今の関心事
趣味・特技	趣味・特技
好きなこと	今取り組んでいること
好きな本	読書の傾向
自分のいいところ	長所・アピールポイント
モットー，好きな言葉	考え方，モットー
こんな人になりたい（キーワード列挙）	なりたい人物像（文章で）

自己紹介ネタシート【記入例】

カジュアルな場面	あらたまった感じの場面
自分の名前 大原　宏貴です ヒロタカ　と呼んでください	**自分の名前** 私は，オオハラ ヒロタカ と申します
今ハマっていること 讃岐うどん屋めぐり 歴史マンガを読破する	**今の関心事** いかにして，子どもたちに泳ぐことの楽しさを伝えるか
趣味・特技 泳げない子を必ず泳げるようにできる 絶品ヤキソバを作ることができる	**趣味・特技** 水泳（スイミングスクールのコーチ）
好きなこと 愛犬○○ と散歩 スポーツ観戦（阪神ファン）	**今取り組んでいること** ○○ の資格・免許取得の試験勉強
好きな本 ビジネス書，アイドルの写真集，水滸伝（マンガ）	**読書の傾向** タイトルに「習慣」がつくビジネス書
自分のいいところ 頼まれ事はとりあえず引き受ける （頼まれ事は試され事と思うから）	**長所・アピールポイント** 協調性あり リーダーシップも発揮できる
モットー，好きな言葉 長いものには巻かれろ（時にはおまかせするのもいいと思うから）	**考え方，モットー** 頼まれ事は引き受ける。なんとかする 頼まれ事は試され事と思う
こんな人になりたい（キーワード列挙） 寛容・大らか・大胆・情熱・前向き	**なりたい人物像（○○さんのような）** 大胆にして緻密，寛容さも持ち合わせ前向きな心と情熱を失わない男

b．1回の記入にかける時間は短くてもいい（15分程度でかまわない）
　　c．一度記入した内容は，見直しをして随時更新していく。内容だけでなく，項目（ネタ）も追加したり，削除してもいい
　　d．アイデアがわいてきた都度更新して，記入を続けるようにする

2．自己PR

　自己PRとは，一般的には「自分の長所や特徴」などを就職や入学試験でアピールすることであるが，今や就職活動において頻出する言葉であり，就職活動の成功を左右する重要なカギとなっている。就職活動を行う者にとって，避けて通ることのできないことでもある。

　就職活動においては自分をアピールする自己PRのチャンスは何度かある。また，エントリーシートなどの文章で伝えるものと，面接で話して伝えるものがある。エントリーシートでは必ず記入する必要があり，面接では最初に聞かれることが自己PRである。

（1）自己PRで何をPRするのか

　自己PRは単に自分の事をPRしたらいいというわけではない。
　前述のとおり，面接で必ず聞かれることが自己PRである。しかしその質問は必ずしも

「あなたの自己PRをしてください」という投げかけ方をされるとは限らない。「○分であなたの自己紹介をしてください」（自己紹介イコール自己PRではないが，簡単な自己紹介ではなく，自己PRの要素も盛り込んで答えてもいいかは，いわゆる場の空気を読んで対応してほしい），「あなたの長所はどんなところですか」「学生生活で力を入れたことについて話してください」など，質問のかたちは変化するが，このような質問の投げかけに対しては，自己PRをすればいいと解釈してよさそうである。

　就職活動は，モノを売り込むときと同じように，「自分」という商品の特徴とその商品を買うことで得られるメリットについて自己PRというかたちでプレゼンテーションを行い，相手に買ってもらう＝採用してもらうための活動という捉え方ができる。

　自己PRでも，「商品の特徴＝自分のこれまでの成果＝自分にできること」と「商品を買うメリット＝入社後，あなたがどのような成果をあげられるか」という2点がポイントになる。かといって，優等生を目指した自己PRでは本当のあなたの魅力は伝わらない。自己PRを聞く人（読む人）も完璧な優等生を求めているわけではない。

　あなたの魅力を余すところなく伝えられるように，自己PRはあらかじめ考えて準備しておこう。

（2）自分の強みをまとめる

　いざ自己PRをまとめようとすると，自分にはPRできるようなところが一つもないのではないか，この程度のことで長所と言っていいのかと発想がどんどんマイナスの方向へ向いていくことがある。

　このようなマイナスの発想を回避するためには，自己PRをまとめる前段階で，自己分析をしっかりとしておく必要がある。自己分析とは，現在までの自分自身の歩みをたどり，自分のこれまでの人生の棚卸しをするようなことである。自己分析をすることで，なんとなくでも「自分はどんな人間でどんな特徴があり，将来はどんな人生を歩んでいきたいか」という自分自身の考え方が見えてくるのである。

　自己PRには，こう話さないと（書かないと）いけないといった決まりはないが，こう話せば（書けば）魅力的になるといった表現のしかたはある。

　今までの人生を振り返り，最も自分のPRしたいことを発表するのがいいが，（大学生の場合は）高校の出来事を自己PRに使うことは好ましくない。高校時代のことを自己PRにしてしまうと「大学に入ってからは何にもしてこなかったの？」と思われてしまうからである。高校から継続していることを自己PRにするのはかまわない。

Let's Try 2

●自己分析のセッション＝自分の「印象」を考えるシート。

あなたの友人は，あなたのことをどのように見たり，思ったりしているのか，次のシートに記入してもらおう。できれば，「普段から仲のいい友人」と「あまり話したことのない人」の両方に頼んで記入してもらおう。

自分の「印象」を考えるシート

から　　　　　　さんへ　私はこのようにあなたを見ています	
あなたの特徴は〜です	
あなたの長所は〜です	
あなたの短所は〜でしょう	

から　　　　　　さんへ　私はこのようにあなたを見ています	
あなたの特徴は〜です	
あなたの長所は〜です	
あなたの短所は〜でしょう	

Let's Try 3

●自分の「長所」を見出すセッション＝「印象」を考えるシート記入をふまえて
あなたの友人は，あなたのことをどのように見たり，思ったりしていたか，次の問いに対して，枠内に文章で答えるかたちで整理してみよう。

自分の「印象」を考えるシートの記入をふまえて

① 友人があなたについて記入してくれたことと，自分自身が思っていたことが一致したのはどのようなところでしたか。

　　友人も自分でも，

　　　┌─────────────────────────────┐
　　　│　　　　　　　　　　　　　　　　　　　　　　　　│
　　　│　　　　　　　　　　　　　　　　　　　　　　　　│
　　　│　　　　　　　　　　　　　　　　　　　　　　　　│
　　　└─────────────────────────────┘

　　と思っていた。

② 一致しなかったことはありましたか。それはどのようなことでしたか。

　　自分では，

　　　┌─────────────────────────────┐
　　　│　　　　　　　　　　　　　　　　　　　　　　　　│
　　　│　　　　　　　　　　　　　　　　　　　　　　　　│
　　　│　　　　　　　　　　　　　　　　　　　　　　　　│
　　　└─────────────────────────────┘

　　と思っていたが　⇒　他者にはそう思われていないみたいだ。

　　友人には，

　　　┌─────────────────────────────┐
　　　│　　　　　　　　　　　　　　　　　　　　　　　　│
　　　│　　　　　　　　　　　　　　　　　　　　　　　　│
　　　│　　　　　　　　　　　　　　　　　　　　　　　　│
　　　└─────────────────────────────┘

　　と思われていたが　⇒　自分ではそう思っていなかった。

第1章　自己紹介と自己ＰＲ　｜　101

Let's Try 4

●自己PRを考えるセッション＝自己PRを20字程度の文章にしてみよう。
　これまでのセッションでやってきたことを生かして，自分のセールスポイントや自分の人柄（こういう人物）を伝える20字程度の一文を書いてみよう。

自分の「印象」を考えるシートの記入をふまえて

● 自分のセールスポイントは

● 自分の人柄（自分自身の人物像）は

　20字なら意外と簡単に書けるものです。他にも伝えたいことはありませんか。
　何かタイトルを決めて，下のフリーワード欄に伝えたいことを文章にして書いてみよう。

（フリーワード）● （　　　　　　　　　　　　　　　　）

（フリーワード）● （　　　　　　　　　　　　　　　　）

（3）自己PRの構成

　自己PRには三つの構成要素がある。三つの構成要素を下図のように三段構成にしてバランスよく組み立てて話すと，自分のことが相手にスムーズに伝わる自己PRになる。

■ 自己ＰＲの三つの構成要素と三段構成

　「で，結局何が言いたいの？」「話がわかりにくい」などと言われる人には，結論がない，もしくは伝わっていないことが考えられる。

　結論を説明する理由は説得力を出すためにも，できれば二～三つ挙げることが望ましい。ただし，四つ以上になると分かりにくくなるので，三つ以内にまとめる。「結論は～です。理由は二つあります…」と冒頭で数を予告することができれば，効果的である。

　話が違った方向に行ってしまったり，話が長い人は「詳細」から話し始めている可能性がある。結論を述べる場合は最初と最後の２回言って，「結論のサンドイッチ」をすると効果的である。

> **1．序論**
> 「結論」を述べたり，話の「導入」をするところ
> 自分の一番のアピールポイント
> （学生時代に力を入れてきたこと，さまざまな経験，自分の性格など）
>
> ↓
>
> **2．展開・本論**
> 結論を説明する「理由」や
> 序論を展開する「本論」の部分
> １．序論の内容を証明する，
> 客観的根拠となる具体的なエピソード
> 経験から得た教訓や利益，
> 自身の中に培われたこと
>
> ↓
>
> **3．結論（まとめ）**
> 最後に「詳細」を述べたり，
> 序論・本論を受けて「結論」を述べるところ
> 経験から得た教訓や利益，培われたことを，
> 入社してからどう生かすか

伝えたいメッセージを組み立てるときは，前掲のような三つの階層を頭の中でイメージするとよい。三段構成に基づいて，序論・本論・結論の順に内容を落とし込むことができるほか，結論・理由・詳細の順に理論的に組み立てることもできる。

三段構成のイメージ図を使った自己PRの例

> 私のアピールポイントは，アルバイト先の仕事を通して，報告・連絡・相談をすることを意識し，習慣化しようとしていることです。
>
> 私は中学時代からずっと水泳を続けていて，現在はスイミングクラブのキッズクラスのコーチをしています。このスイミングクラブのキッズクラスは10段階に分けられていて，私はその中でもいちばん初歩の水を恐がる子どもたちのクラスを担当しています。
>
> 私はコーチと子どもとの関係はもちろん，保護者と私の日ごろのコミュニケーションを良好にして，保護者からも信頼してもらえることを目指しています。

⬇

> そのために私が実践していることが，クラブのスタッフや先輩コーチとの報告・連絡・相談なのです。具体的に連絡を取り合う内容には，クラブや指導コーチに対して保護者からどのような要望が出ているのかということがあります。要望に対してどう対応していくとよいかを先輩コーチに相談します。そして，子どもたちにどう反映できたか，保護者の反応はどうだったかを報告します。
>
> 保護者からは，スタッフに子どものことで気にかけてもらいたいことを話したが，すぐにクラスの練習に反映されていて，安心できる，と言ってもらえたことがあります。

⬇

> 仕事に報・連・相を取り入れるように，とアルバイトの研修で教わりましたが，はじめはどうやっていいのかわかりませんでした。幸いクラブのスタッフや先輩コーチからその都度，報・連・相のタイミングをうながされて，行うようになりました。報・連・相を行うようになってから，仕事は自分一人でやっているわけではないのだ，ということに気づかされました。報・連・相を行うことを通して，チームで仕事をしているということが実感できるようになりました。

三段構成のイメージ図は，聞き手が頭の中で話の見取り図を描きやすいように，話し手が提供する「地図」のようなものである。この図を使うことで，わかりやすく，伝わりやすい話の構成ができ，（研究）発表，面接やビジネスのシーン，フリートークにまで活用することができる。

Let's Try 5

●自己PRを構成するセッション＝三段構成のイメージ図。
Let's Try 1から4までやってきたことをもとにして，三段構成のイメージ図を使って，自己PRを構成してみよう。

第2章 アカデミック・プレゼンテーション

1．アカデミック・プレゼンテーション

（1）アカデミック・プレゼンテーションとは

　大学や研究機関，各種の学会などで行う調査・研究を発表するプレゼンテーションを，特に「アカデミック・プレゼンテーション」と呼ぶことにする。アカデミック・プレゼンテーションの方法や留意点は，他のプレゼンテーションと特に異なるというわけではない。
　しかし，

　　a．レポートや論文と連動している場合が多い
　　b．調査・研究の成果を単に披露するというだけではなく，聞き手から広く意見を収集するという目的を持つ

という点を特に意識してプレゼンテーションを行う必要がある。
　ここでは，学会発表のようなレベルのプレゼンテーションはひとまず置いておいて，主に大学で学生が行うゼミ（ゼミナール）発表を念頭に，効果的なプレゼンテーションを考えていきたい。ゼミとは，大学で教員の指導の下に，テーマごとに学生が個人やグループで調査や研究を行うことである。そして，たいていの場合は，数回の発表と，最終的にまとめられたレポートや論文が成績評価に大きな比重を占めることになる。一方で，ゼミ発表は自分が研究したものを的確に伝えることが要求されるが，研究成果や自分の意見がメンバーに理解された場合，その喜びは何物にも代え難く，大きな達成感が得られ自信にもつながっていくだろう。

（2）アカデミック・プレゼンテーションの特徴

　アカデミック・プレゼンテーションは，聞き手に分かりやすく内容を伝えるのが大切という点では，他のプレゼンテーションと同様である。しかし，あくまでも学問的な内容を伝えるものであるから，さまざまな分析法を用いて事実を事実として論理的に伝えるということを心がけなければならない。したがって，何よりも正確性，客観性，普遍性が重要視される。そして，独創性が求められることは言うまでもないが，必要に応じて他の人による再検討が可能となる追証性も兼ね備えていなければならない。特に，それが卒業研究や卒業論文の発表である場合には，

　　a．これまで研究された対象であっても，その研究方法が新しいこと
　　b．研究方法は従来のものであっても，対象が新しく，かつ従来とは異なった知見が得られていること
　　c．研究対象や研究方法は従来のものであっても，理論的に新しい法則性が得られていること

などが必要であり，それが最終的な評価の重要な基準にもなってくる。

2．ゼミ発表や卒業研究発表を成功させる

（1）ゼミ発表のパターン

　通常，ゼミに所属した場合に課される発表には次のようなものが考えられるだろう。

　　a．テーマを決めて報告する発表（テーマ発表）
　　b．調査・研究をある程度進めた段階で途中経過を報告する発表（中間発表）
　　c．調査・研究を終えた上で成果を報告する発表（成果発表）

　教員の指導によっては，各自がテーマを決める前に，教員の方からキーワードを与えて

調査，報告をさせるというパターンが加わるかも知れない。たいていの場合，ゼミはその担当教員の研究分野に基づいて全体的なテーマが設定されているからだ。

（2）ゼミ発表の前提条件（3P）

① 聞き手（People/Profile）

　ゼミのクラス人数は2，3人から30人程度までと幅があるが，聞き手は基本的に同じ学科に属し，同じ趣旨の下でゼミに参加し（授業案内で各教員の研究テーマを確認して参加している），何よりも全員が顔見知りであるという点で，あまり緊張をするようなことがないであろう。テーマについても，興味や専門的知識のレベルは同程度である場合が多く，コンセプトが絞りやすいことなど，プレゼンテーションを行いやすい前提が揃っている。ただ，聞き手の中で特に注意を払わねばならないキーパーソンは，やはり教員である。ゼミのメンバーに発表内容を理解してもらうことはもちろんであるが，教員にはそれに加えてしっかり評価してもらい，適切なアドバイスを受けられるようにしなければならない。

　また，成果発表の場合は，卒業研究発表会というような形で，学年全体，学科全体で行われることが多いが，その際の聞き手はゼミメンバーと違い興味や専門的知識のレベルが多様となる。

② 場所（Place）

　たいていの場合は，ゼミが行われている教室（演習室）が発表場所であり，教室サイズは最大でも定員40人程度と小さめである。メンバーの人数によっては，教員の研究室で発表が行われる場合もあるだろう。ただし，成果発表は大勢を前にして講堂や大教室で実施されることが多い。

③ 目的（Purpose）

　自分のテーマに基づいた研究成果（報告）の内容を，教員とゼミのメンバー（成果発表の場合は広い意味でのオーディエンス）に理解してもらうことが最大の目的であることは言うまでもない。ただし，発表の段階によっては以下のような目的が加わる。

　テーマ発表では，自分が選んだテーマについて，基本概念をメンバー間で共有するという目的がある。また，テーマ自体を修正する可能性を探ったり，テーマに関して自分が把握していない情報等をメンバーから引き出すことも大切な目的だ。

　中間発表では，それまでに集めた資料等について，収集漏れがないか，偏りはないかな

どをチェックするという目的がある。この時点で、成果発表（それに加えて論文・レポートの執筆）に向かう方向性を確定しなければならないので、このまま研究を進めていってよいのか、軌道修正の必要はないのかについて、教員から適切なアドバイスを得る必要があろう。

（3）ゼミ発表のポイント

それぞれの発表の段階における詳しいポイントは、実践例で述べるものとして、ここでは共通して念頭に置いておくべきポイントを示しておく。

    a．あくまでも調査・研究発表であるので、誇張やウケを狙った表現は極力避ける
    b．引用あるいは参照した部分と、自分の考え等を述べた部分が区別できるようにする
    c．質疑応答が活発になることを意識した内容とする
    d．強調したい部分を明確にし、聞き手に要点を確実に伝えるようにする
    e．与えられた発表時間を厳守する

（4）ゼミ発表後の質疑応答

これまでに述べてきたことからわかるように、ゼミ発表では発表後の質疑応答が非常に重要な意味を成す。質疑応答から、研究に関する重要なヒントや未知の資料、新しい視点などを得ることができるからだ。一方で、質疑応答の際の受け答えが、発表と同等に評価される場合もある。あらかじめ、どのような質問が寄せられるかを予想し、場合によっては資料を手もとに準備するなどしておく必要があるだろう。もちろん、質問内容を常にメモしておくことを忘れてはならない。

質疑応答における心構えとしては、全般的に以下のようなことが考えられる。

    a．答える際は質問者だけでなく全員に向かって答える
    b．知らないことは知らないという
    c．質問者をやりこめない
    d．冷静さを保つ
    e．できるだけ簡潔に答える

f．長い説明が必要な質問には別途答えるようにする
　　g．残りの時間を忘れない

3．テーマ発表の実践例

① 準備

　ゼミにおける調査・研究を行う上で，テーマの決定は非常に重要な意味を持つ。教員から与えられる場合はさておき，自分で自由に決める場合には問題意識と照らし合わせながら慎重に決めなければならない。テーマを決めた理由が「面白そうだと思ったから」「調べてみたいと思ったから」程度では先が思いやられる。ましてや，「適当に決めた」などというのは論外だ。まず自分の問題意識があり，それを解決したいという強いモチベーションがなければ，早々に行き詰まってしまうだろうし，さまざまな資料に当たるというような地道な作業が苦痛になってしまうだろう。

　テーマが決まったら，できればそれに関する基本的な文献を1冊は精読しておきたい。また，事前調査として関連する資料をいくつか集め，その中からキーワードを拾い上げ，それらについて基本的な概念を辞典などを利用して把握することに努める。可能であれば，そこで仮説を立ててみることだ。調査・研究の結果，どのような結論が導き出されるのか（あるいは導き出したいのか），見通しを明らかにしておくとよい。この時点では，資料もごくわずかしか集まっていない段階なので，発表には簡単なレジュメを用意する程度で構わないだろう。

② ポイント

　テーマ発表のプレゼンテーションでは，以下のことを心がけよう。

　　a．なぜ，このテーマを選んだのかという理由をきちんと説明する
　　b．テーマの概要を分かりやすく説明する
　　c．テーマについて現時点で自分が考えていることを説明する
　　d．調査・研究を進めていく上での仮説を明確にする

テーマ発表の場合は，プレゼンテーション後の質疑応答が非常に重要になってくる。特に，次の点を聞き手から引き出すことを意識したい。

a．テーマに関連する情報や資料
b．テーマについての新たな視点や異なった考え方
c．仮説の見通しについてのコメント

③ 発表例（発表時間3分）

　江口美彩子です。よろしくお願いいたします。
　私たちの身の回りには，言葉を用いなくてもコミュニケーションを交わす相手がいます。それは犬や猫，小鳥などのペットをはじめ，かわいいキャラクターです。
　この研究では，沢山のキャラクターの中から，年齢を問わず愛され続けている「ミッキーマウス」と「スヌーピー」を取り上げて，その魅力と役割について，若者の視点からその一端を明らかにしたいと考えました。

　— OHCを用いて，画面に資料1「ミッキーとスヌーピーの絵」を投影する —

　ミッキーマウスはウォルト・ディズニーによって，1929年に誕生しました。
　それ以来ミッキーは世界中の子どもや大人にまで愛され続けてるのです。
　ウォルト・ディズニーは，世界初のテクニカラー・アニメーション映画「白雪姫」や「ダンボ」など，心温まる名作映画の製作者としても知られていますが，とくに，ディズニーランドの生みの親として有名です。
　私は幼稚園のころからミッキーマウスのぬいぐるみと一緒に過ごし，母が仕事から帰ってくるまで，ミッキーは私のお母さん役，友達役としてかけがえのない存在でした。
　スヌーピーはチャールズ・シュルツに

資料1

よって，1950年，コミック漫画『ピーナツ』のキャラクターとして登場しました。スヌーピーは，眠そうな，のほほんとしている顔の表情に人気があり，子どもから大人にまでアイドルとして親しまれています。特にこの漫画では，スヌーピーやその仲間たちの何気ないセリフによって，人間の喜びや悲しみ，愛や友情などが興味深く取り上げられ，大人の漫画として世界中で愛読されました。私は中学時代に『ピーナツ』を読みはじめ，犬なのに立って歩く愛らしいスヌーピーに夢中になり，漫画の中のスヌーピーからは，「周りに振り回されず，自分らしく生きなさい」「いつまでも悩むな，自分のよさを認めなさい」と励まされてきたのです。

　私たちは，なぜキャラクターに魅力を感じるのでしょうか。ここでアンケート調査の結果を一部ご紹介します。対象は，中学，高校，大学生の男・女各50人，合計100人です。このうち，キャラクターに関心があると答えた88人，およそ90％に対し，「なぜキャラクターが好きか」を尋ねたところ，次のような結果になりました。

― ここで，資料2，アンケートのデータ〈円グラフ〉を投影し説明する ―

　ご覧のように，「可愛いから」が42％，「心が和む」21％，ついで「癒される」「励まされる」「孤独を感じない」という順になっています。また，「好きなキャラクターは？」と尋ねた結果，1位がスヌーピー，2位 熊のプーさん，3位 ミッキーマウスとなっています。

　次に，実態調査として，ミッキーマウスの魅力を体験するために「東京ディズニーランド」に出かけました。

　このおとぎの国では，大人も子どももミッキーたちに夢中になって楽しんでおり，キャラクターがこんなにも身近な存在であることを実感することができました。

　このように，ミッキーマウスやスヌーピーなどのキャラクターは，言葉を交わさなくても，その愛らしい顔や姿が人々の心を和ませ，楽しませ，時には，慰め，励ましてくれるなど，大きな役割を果たしていることがわかりました。この役割こそが，若者をひきつけるキャラクターの魅力ではないかと改めて認識すること

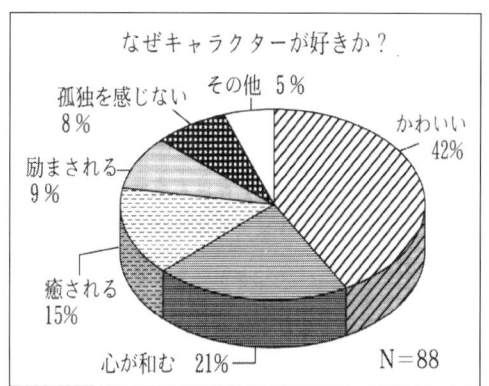

資料2

なぜキャラクターが好きか？
- かわいい 42％
- 心が和む 21％
- 癒される 15％
- 励まされる 9％
- 孤独を感じない 8％
- その他 5％

N＝88

ができました。

　以上です。ありがとうございました。

(出典：福永弘之監修『キャンパスライフとプレゼンテーション』樹村房，2002)

Let's Try 1

●発表例に当てはめる形で，自分の研究テーマについて3分間の発表原稿，および資料を作成し，実際に発表をしてみよう。

4．中間発表の実践例

① 準備

　この段階では，資料収集や調査（フィールドワーク等を含む）もある程度進んでいるはずだ。場合によっては論文やレポートの章立てを終え，実際に執筆に入っていることだろう。中間発表は，全体的な中間発表をする場合と，特定の章などについて結論含みの発表をする場合とが考えられるが，ここでは前者を対象とする。

　まず，その段階で収集を予定していた資料，引用・参照しようとした文献についてはほぼ揃えておく必要がある。論文やレポートにまとめる場合であれば，仮アウトラインを完成しておかなければならない。発表は，仮アウトラインに基づいて調査・研究の全体像が見えるように行う。また，収集した資料などを元に，レジュメを用意することはもちろんであるが，発表に必要と思われる提示資料も準備しておくべきだろう。レジュメとしてまとめる方法もあるが，別途，資料や文献のリストも作成しておくと，特に教員からのアドバイスが受けやすい。

② ポイント

　中間発表のプレゼンテーションでは，特に以下のことを心がけよう。

　a．調査・研究の全体像が聞き手に分かるようにする

b．テーマ発表時に立てた仮説の行方を明らかにする

c．資料や文献から得られた新たな知見を分かりやすく説明する

d．今後の進め方について方針を明確にする

そして，質疑応答では以下のことを聞き手から引き出すことを意識する。

a．発表内容に納得できたかどうか

b．資料や文献に収集漏れはないか

c．調査・研究の方向性は間違っていないか

③ 発表例（発表時間3分）

中山恵美です。

今日は，女性問題の中で，私が最も興味を持った「性別役割意識」についての中間発表をさせていただきます。

私の研究テーマは，まず，「性別役割」とはどういうものであるのか。次に，性別役割意識がどのようにつくられていくのか，最後にこの問題の課題についてまとめていきたいと考えています。

でも今はまだ，性別役割分担についての概要と，どのようにつくられてきたかという歴史的な背景を少し調べかけたところです。後で，みなさんのご意見をうかがって，これからの研究の参考にさせていただくつもりです。どうぞよろしくおねがいいたします。

まず始めに，性別役割について説明したいと思います。

性別役割分担とは，男，女という性別により割り当てられた役割行動を指します。

まず，男女の生物学上の性差である，妊娠させる男性の性，生理，妊娠・出産，授乳という女性の性のあり方があります。次に，人間の社会や文化によってつくられた性のあり方をジェンダーと呼んでいます。「男らしさ・女らしさ」「男だから・女だから」「男はこうあるべき・女はこうあるべき」とよく言われるものです。ここでは，このジェンダーについて考えたいと思います。

日本では，「男は強くて力仕事，女は繊細で手作業」「男は仕事・女は家庭」という考えがあります。

これは正しいのでしょうか。

アメリカのマーガレット・ミードという文化人類学者は，ニューギニアの三つの地域で男女の特性を調べました。一つ目のアランペシュ族では，男女共に優しい気質という結果でした。

二つ目のムント・クモル族では，女性の多くは攻撃的な気質だったそうです。

三つ目のチャブリ族は，男性は繊細で，臆病な気質が多く，絵や彫刻を好み，女性

20XX年9月21日

性別役割分担意識

1. 性別役割分担とは

   性別を理由に，考え方，態度，行動をとることをいう。
   - Sex
   - Gender

2. 性別役割とはどのようなものか

   「男は仕事・女は家庭」

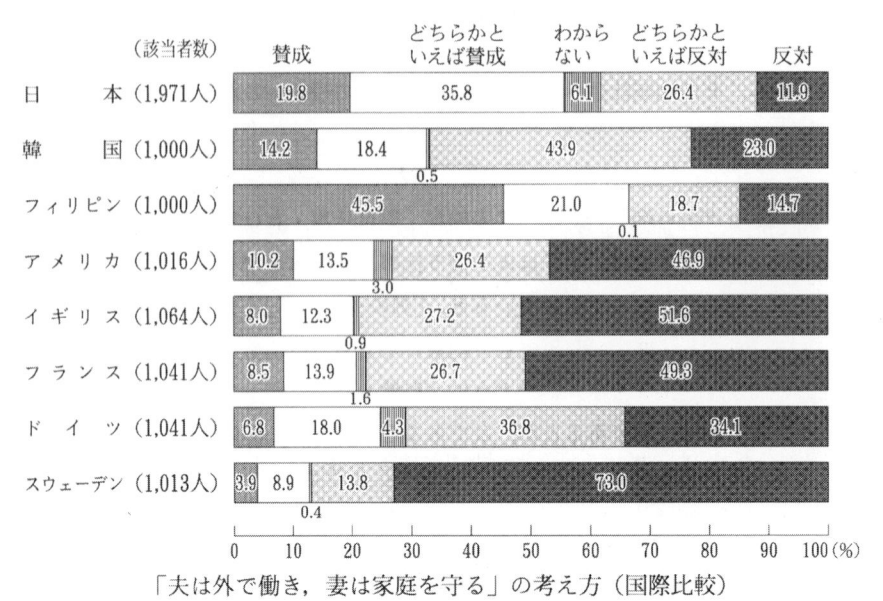

（該当者数）	賛成	どちらかといえば賛成	わからない	どちらかといえば反対	反対
日　　本（1,971人）	19.8	35.8	6.1	26.4	11.9
韓　　国（1,000人）	14.2	18.4	0.5	43.9	23.0
フィリピン（1,000人）	45.5	21.0	0.1	18.7	14.7
アメリカ（1,016人）	10.2	13.5	3.0	26.4	46.9
イギリス（1,064人）	8.0	12.3	0.9	27.2	51.6
フランス（1,041人）	8.5	13.9	1.6	26.7	49.3
ド イ ツ（1,041人）	6.8	18.0	4.3	36.8	34.1
スウェーデン（1,013人）	3.9	8.9	0.4	13.8	73.0

   「夫は外で働き，妻は家庭を守る」の考え方（国際比較）
   （資料：東京都『女性問題に関する国際比較調査』）（『統計にみる女性の現状』1996）

3. 結　び

   ジェンダーフリーの社会を目指して

   今後の研究

は頑強で，漁をして稼いでいます。

　このことから，その地域社会や文化によって男・女の役割がちがってくるということがわかります。

　お配りした資料に，「男は仕事・女は家庭」の考え方の国際比較があります。ご覧ください。

　日本でのジェンダーの例としては，代表的な「男は仕事・女は家庭」の他に，クラブのマネジャーは女子，キャンプでは，男子は火を使う仕事，女子はお米をといだり，肉や野菜を切る水周りの仕事，男の子が転んで泣いていると，「男の子でしょ」「男の子は泣かないの」などです。このように社会的・歴史的な決まりや約束ごとである役割を「自然」として受け取ってしまっているのです。ジェンダーもこのように「自然」と受け取ってしまう役割の一つではないでしょうか。とりわけ，男であるとか，女であるとかということは，何かの行動や根拠の説明をするときに，それ以上「どうして」と問い返すことのできない最終的な答え，つまり，「自然」として人々に捉えられていることが多いのですね。

　性別役割意識は，時代と共に変わっていくものから，変わりにくいものまでさまざまです。性別役割分担意識も時代の流れと共に変化し，女性の社会進出や男性の家事参加もかなり見られるようになりました。

　生き方が，性別役割に制約されずに，それぞれの個性と能力をいかして，自分の人生を選んでいけるような「ジェンダーフリー」の社会を目指していくために，まず，日常生活においての固定的な性別役割分担に気づき，その役割分担意識がどのように形成されていくのか，また形成されてきたのか，もう少し深く考察して上で，今後どのような取り組みが必要であるのかについてまとめていきたいと思います。

　私の発表に関して，みなさんのご意見を聞かせてください。

　今日は，どうもありがとうございました。

（出典：福永弘之監修『キャンパスライフとプレゼンテーション』樹村房，2002）

Let's Try 2

●発表例に当てはめる形で，自分の研究テーマについて３分間の発表原稿，および資料を作成し，実際に発表をしてみよう。

5．成果発表の実践例

① 準備

　成果発表は半期，年間，場合によっては2年間（卒業論文など）の調査・研究の集大成である。卒業研究発表会のような形であれば，大勢を前にしての発表となるだろう。そのために，準備も念入りに行わなければならない。レジュメや添付資料，提示資料の作成はもちろんだが，事前にリハーサルを行っておく必要もあるし，大きな会場で他の発表者もいる場合には司会者との打ち合わせも必要になってくるだろう。そして，ゼミのメンバー以外の人も聞き手となる発表の場合は，自分が発表する内容や，これまでの調査・研究の経過を知らない人がいることを念頭に置くことも求められる。したがって，発表の構成は時間をかけてじっくり練り上げるようにしたい。そして，本番で必要なことをきちんと述べられるように，発表原稿を準備し，可能であれば教員にチェックしてもらうとよい。

② ポイント

　成果発表のプレゼンテーションでは，テーマ発表，中間発表のポイントに加えて，以下のことを心がけよう。

....

　a．発表に用いる用語（特に専門用語）は入念に吟味する
　b．曖昧な表現は絶対に避ける
　c．内容の節目を明確にする（構成を分かりやすくする）
　d．提示資料を効果的に利用する
　e．結論が明確に伝わるように意識する
　f．今後の研究課題を明らかにする

....

　質疑応答では，内容に関する質問以外に，コメンテーター（教員である場合が多い）によるコメントが与えられることもある。質問にきちんと答えることはもちろんであるが，コメントにはしっかり耳を傾け，発表について自己点検をしてみよう。その作業が，レポートや論文をまとめる場合，あるいは次の調査・研究に進んでいく場合に大いに役立つからだ。

③ 発表例（発表時間5分）

　私は伊藤浩子と申します。ただ今より「日本人の対中イメージの変化」について発表させていただきます。よろしくお願いいたします。

　なぜ私がこのテーマを調べようと思ったかについて最初にお話ししておきます。現在日中関係は悪化していて，身の回りやネット上でも中国について好意的に思っている人は少なく，私自身も良いイメージを持っていませんでした。実際に中国に行ったことがあるわけでも，中国人の知り合いがいるわけでもないのにどうしてだろう，と疑問に感じたことがきっかけです。

　そこで実際に身近な人100人を対象に対中感情についてのアンケートを実施し，中国に対してどのようなイメージを持っているのか，また，人々に中国に対するイメージを植え付けた要因は何なのかを調べることにしました。実施したアンケートの項目は以上の三つです。アンケートの結果はこちらです。グラフの通り，中国に対してネガティブなイメージを持った人が大半を占めています。中国に対してのイメージは「環境破壊が進んでいる」「盗作が多い」などネガティブなものが挙げられました。

　また，慶應義塾大学21世紀COEプログラムが2003年，2004年，2005年の3回にわたって実施したパネル調査があります。質問内容は多岐にわたっていますが，その中に米国，中国，ロシア，韓国，マレーシア，オーストラリア，エジプト，イスラエルについて「あなたはこの国が好きですか，それとも嫌いですか」という質問がありました。回答者はこれらの国々に対する好き嫌いの程度を「かなり好き」から「かなり嫌い」までの5

資料1

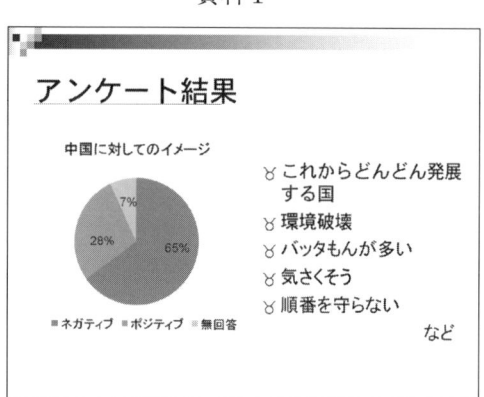

アンケート結果
中国に対してのイメージ
- ネガティブ 65%
- ポジティブ 28%
- 無回答 7%

・これからどんどん発展する国
・環境破壊
・バッタもんが多い
・気さくそう
・順番を守らない
など

資料2

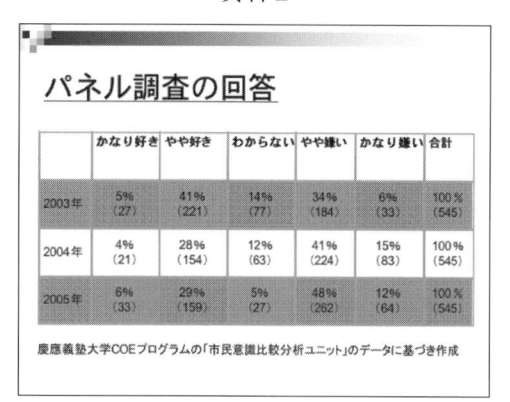

パネル調査の回答

	かなり好き	やや好き	わからない	やや嫌い	かなり嫌い	合計
2003年	5%(27)	41%(221)	14%(77)	34%(184)	6%(33)	100%(545)
2004年	4%(21)	28%(154)	12%(63)	41%(224)	15%(83)	100%(545)
2005年	6%(33)	29%(159)	5%(27)	48%(262)	12%(64)	100%(545)

慶應義塾大学COEプログラムの「市民意識比較分析ユニット」のデータに基づき作成

段階評価で答える，というものです。今回は中国に限定して回答を見ていきたいと思います。

今提示しておりますのがパネル調査の回答です。2003年から2005年にかけて「やや嫌い」「かなり嫌い」と答えた人の割合が増えたこと，この3年の間に対中イメージを変える何かがあったことが考えられます。私は，ニュースで報じられたものの中に非好意的記事が多く見られたのではないか，という可能性を考えてみました。

そこで，2003年から2005年までの間に起こった中国関連の非好意的記事を挙げてみました。2003年SARS感染，福岡一家殺害事件，2005年反日デモなど，中国の印象を悪くするような記事が目立ちます。「冷凍ギョーザ事件」はご存知でしょうか。「冷凍ギョーザ事件」とは2007年にコープなどで販売されていた中国製冷凍ギョーザの中から農薬成分メタミドホスが検出された事件です。中国政府は当初，中国国内で農薬成分の混入はないとしていましたが，2010年ギョーザに毒を入れたとしてギョーザ製造元「天洋食品」の元臨時職員を拘束しました。強烈な事件だったため皆さんの記憶の中にも残っていると思います。

ここで，中国における民主化運動についても触れておこうと思います。民主化運動とは中国における中国共産党の一党独裁支配に対抗する為，中国の民主化を目的として緩やかに組織化された政治運動です。民主化運動の中で最も大きな運動は1989年に起こった天安門事件です。一連の抗議活動は1989年6月4日に中国軍により鎮圧されました。これに対して，世界の中国人学生活動家により，多くの民主化支援組織が結成され，西側の国々からかなりの共感を得ました。しかし1990年代になると，民主化運動は中国の内外で急速に勢いを失っていきました。これは民主化運動に対して中国政府が行った，インターネットや他のメディアで民主化を訴えることを禁じるという厳しい抑圧政策による部分があります。

以上のことから，日本における中国に対してのイメージの大部分は，メディアによって形成されていることが分かりました。しかし，近年の中国人観光客の増加により，中国人と直接関わる機会が増えたことも要因と考えられます。今後は，メディアによる影響を中心に，より多くの面から対中イメージ形成の要因を探っ

資料3

中国関連の非好意的記事

- 2003年4月，5月　SARS感染
- 2003年8月，9月　福岡一家殺害事件
- 2004年1月，3月　中国人不法滞在など
　　　　　　　　　関連犯罪記事が多く報道
- 2005年4月，5月　反日デモ
　　　　　　　　　靖国神社参拝
　　　　　　　　　東シナ海ガス田開発

ていきたいと思います。
　以上で発表を終わります。ご静聴ありがとうございました。

Let's Try 3

●発表例に当てはめる形で，自分の研究テーマについて5分間の発表原稿，および資料を作成し，実際に発表をしてみよう。

第3章 QCとポスターセッション

　社会人として，さまざまな立場と状況でプレゼンテーションを行う機会があるが，その中で少し特色のあるプレゼンテーションが，QCサークル活動における発表である。このQCを体験したことで，プレゼンテーション能力が素晴らしく伸びたという人も多く，QCの手法を学ぶ意義は大きい。また，ポスターセッションは，以前から展示会や工場などで広く用いられてきた，安価でわかりやすいプレゼンテーションの手法である。近年，参加型のセミナーや学会の発表方法としても多く用いられている。

1．QCとQCサークル

　QCとは，Quality Controlの略で，品質管理と訳され，「商品やサービスの内容や質を，消費サイドのニーズに合ったものに，安定して製造・提供していくための手段の体系」と定義されている。このQCを効率的に行っていくための「品質管理の一環として，同じ業務に携わるものが自主的に行う，5〜10名程度の小グループで，QC手法を用いて継続的に改善を図ることを目指す活動」を，QCサークルという。

（1）QC手法としてのプレゼンテーション

　QCサークルは，グループ内で出された意見や疑問について調査や討論をとおしてデータ化し，問題発見から解決策を見出し，改善行動に移して実行したうえで，その効果・成果を検討するものである。そしてこれらの一連の活動を公開報告することで，サークルとしての活動の評価を受けるのである。評価の対象となる重要なこの公開報告は，プレゼンテーションそのものである。
　QCサークルのグループ内では，一人ひとりがお互いの人格・人権を尊重し，自由な立場で意見を交換する。そして，より良い商品・サービス・職場生活を目指して勉強を続け，自分たち自身と企業の向上に手応えを実感しながら，堂々と他の人々に発表するのである。

QCサークル活動の手順とポイントは，次のとおりである。

a．メンバー集め …… 同じ業務や職場の少人数グループ
b．討論 …… 自由発言・仲間意識の向上
c．テーマの決定 …… 改善目標・問題点発見
d．スケジュールの決定 …… 業務外時間を中心・発表時期から逆算
e．問題点・手法・解決策等の討論 …… QC手法の勉強と活用
f．調査・分析・検討等の作業 …… チームワーク力育成・現状把握
g．発表に向けての作業 …… チームワーク力発揮・リーダーシップ育成
h．発表・表彰 …… プレゼンテーション力の向上・達成感

① チェックシート

チェックシートは，事前に項目を書き入れた表を作り，その項目に該当するかしないかをマークしていくものである。アンケートなどの調査・記録用と，「車検シート」のような点検・確認用のものなどがある。QCでは，主にアンケートや改善用作業点検に用いる。

② パレート図

パレート図という言葉は，普段聞きなれない言葉であるが，現在問題視するべき項目の発見に適した図表である。それぞれの問題となる項目を，大きい数値の順に横軸に棒グラフで並べ，その上に全体にその項目が占める割合を折れ線グラフで重ねることで，なにが最も重要な問題点なのかを発見するグラフである。

チェックシート

☐ 時間厳守はできているか
☐ 服装・身だしなみはきちんとしているか
☐ 積極性はあるか
☐ 協調性はあるか
☐ 健康診断は受けたか
☐ はっきり自分の言葉で話しているか
☐ 人の話が聞けているか

パレート図

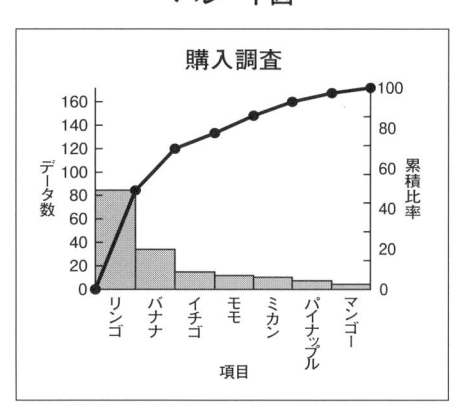

購入調査（リンゴ，バナナ，イチゴ，モモ，ミカン，パイナップル，マンゴー）

③ 特性要因図

　魚の骨（フィッシュボーン）と呼ばれる最も初歩的な，原因追求のための図である。QCサークルにおいては，テーマを決めるときによく用いられる。この特性要因図は，メンバーから自由に出された数多くの意見を集約するのに適している。

　作図の仕方は，次のとおりである。

　a．右に結果となるように，中央に1本の→を魚の背骨に見立てて書く
　b．右の結果に対する原因要素を，カードメモなどに自由に書き出していく
　c．背骨に向けて，原因要素となるカードメモを貼っていき，中骨とする

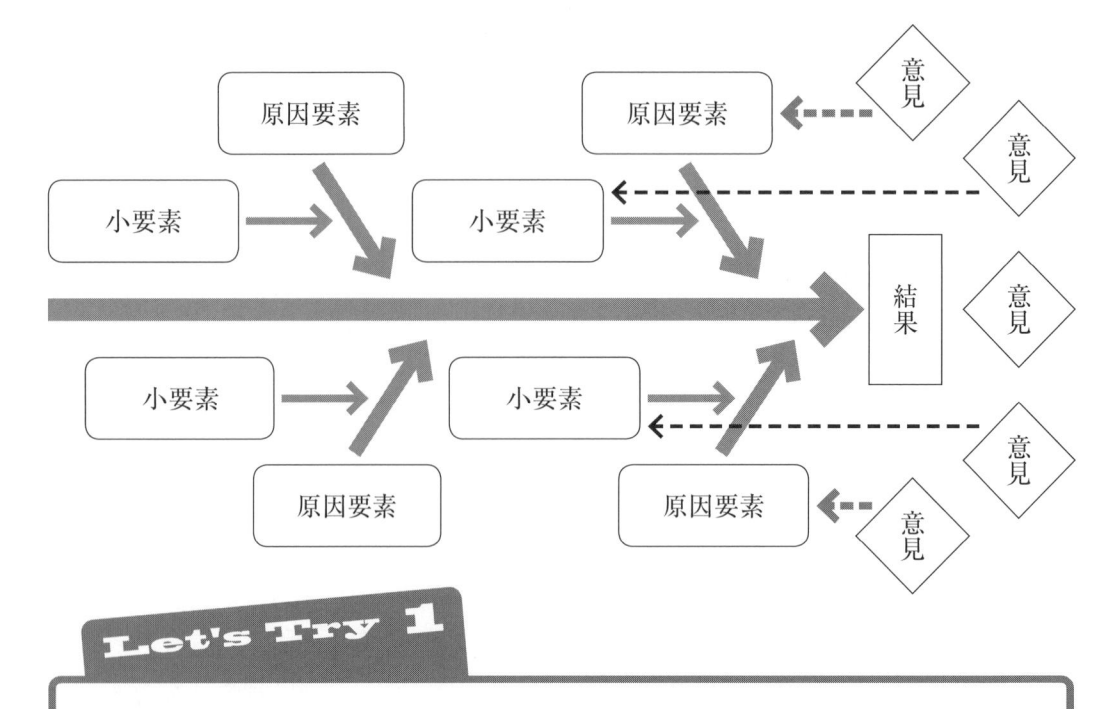

Let's Try 1

●魚の骨を作ってみよう！
　「若者がなかなか正規社員として就職できない理由」，または「どうして少子化社会となったのか」について，解消・改善を目指す方法を考えるために，特性要因図を作成してみよう。
　"右に書く結論は？　さぁ，どんな社会的事情や個人的事情が考えられるだろうか"

d．同じ要領で，もう一段階詳しい原因を，この中骨に向けて貼っていく

この作業を行う中で，原因がどこにあるのかが明確になってくるとともに，グループ内で意見が自由に出てくるようになる。つまり，討論のアイスブレーキングである。

魚の骨（フィッシュボーン）を作ってみよう！

テーマ：「　　　　　　　　　　　　　　　　　　　　　　　　　」

【ミーティングメモ】

結　果：「　　　　　　　　　　　　　　　　　　　　　　　　」

原　因：

中骨	小骨

④ 親和図法（KJ法）

親和図法は，製造業以外の業種がQCに積極的に取り組むようになり，新たに考案されたQC手法の一つである。これは，別名を発案者の川喜田二郎博士の頭文字をとってKJ法とも呼ばれるアイデア発想と意見整理のための方法である。グループミーティングや人材育成のための研修などでもよく用いられる手法で，ブレーンストーミング必須の情報整理手法ともいわれている。簡単に説明すると，とりとめのない意見の集約方法である。

親和図法の進め方の手順は，次のとおりである。

a．参加者全員に，多くのメモ用紙を配る（できれば貼付シートがよい）
b．メモ用紙にテーマに関する思いつきを，1枚に一つずつ書いていく
c．参加者は，制限時間内にできる限り多くの考え（アイデア）を書き出す
d．全参加者のメモを大きな模造紙や，ボードに貼る
e．同系統・同内容と思われるもの同士をグループとして，まとめて貼る
f．各グループごとにタイトルをつけ，数種の意見（アイデア）としてまとめる

Let's Try 2

●現代の若者って？

「現代の若者」をテーマに，自由討論（ブレーンストーミング）を行い，それぞれの意見をKJ法でまとめてみよう。

"①言葉，②服装，③学び方，④働き方……などに意見をグループ化し，大きなまとめとしての結論を導き出していこう"

テーマ「現代の若者」			
言葉	服装	学び方	働き方

2．ポスターセッション

　ポスターセッション（Poster Session）とは，近年学会発表や報告などでも多く用いられているプレゼンテーションで，ビジュアル化したポスターの前で，目の前の聞き手に直接説明し，その場で質疑に答えながら納得を得ていく方法である。この方法は従来から工場見学時の案内説明や商品発表会などでも用いられ，大きな効果をあげている。

（1）展示型ポスターセッション

　展示型とは，新商品の発表会や同業者合同の展示会，あるいは工場や店頭での説明をはじめ，行政による施策説明などでよく用いられている。この展示型は親しみと共感を与えながら，かつ詳細な説明が必要なときに，コストをかけず一度に多くの人にプレゼンテーションができる方法である。ポスターセッションは，単にポスターを展示するだけではなく，展示したポスターに関心を示した人々に別途用意したパンフレットを手渡したり，実物を示したり，試飲・試食など，実際に体験していただくことで口頭での説明に実感を加えることができる，楽しく・親近感を生むプレゼンテーションである。

（2）発表型ポスターセッション

　発表型ポスターセッションは，学会や大きな発表会などで行うプレゼンテーションで，特に国際的な学会・発表会でよく行われている。このポスターセッションは，プレゼンテーターである説明者・発表者と，聞き手である参加者が，関心のあるテーマ・ポスターに

ついて身近でじっくり意見交換ができる長所が支持され，大きな説得成果を上げている。そしてなにより，一方通行の発表と異なり，その場で聞き手の反応や評価を直接感じ取ることができることも，プレゼンテーターにとっては大きな収穫である。つまり，ポスターセッションはお互いのコミュニケーションのきっかけ作りとなるのである。

　なお，一般的には，パネルの左側に立つ方が右手でパネルを指示しながら説明できることと，聞き手に対するアイコンタクトが自然にできるので，よいといわれている。

Let's Try 3

●考えてみよう！
　身近なポスターセッションには，どのようなものがあるだろうか。思い出して，書き出してみよう。
　　"学校では？　会社では？　地域では？　消費者としては？…日常を振り返ろう"

代表的な発表型ポスターのレイアウト

テーマ「　　　　　　」　所属／氏名	4．データ・資料
1．趣旨・概要	グラフ　　写真
2．結果・成果	（説明文）
3．経過・理由	5．その他特記事項

（3）ポスター作成のポイント

　展示型・発表型のいずれにも大切なことは，限られた枚数・スペースに，いかに必要な情報を，効果的にレイアウトするかである。しかも，ポスターセッションは話の流れ，説明の順序で作成しなければならず，情報量と内容の取捨選択が重要となる。また，どのようにして人目を引くものに仕上げるかという，構図や色彩などの表現技術も重要である。

　ポスター作成に関する注意点は，次のとおりである。

a．本文の文字は，2〜3m離れてもはっきり読める大きさ（60ポイント以上）
b．タイトルの文字は，本文の5倍くらいの大きさ
c．字体は，タイトルはゴシック体，本文は明朝体が中心
d．キーワードが一目瞭然となる，カラー使い
e．数値は図表・グラフ化，文は簡潔・短文化
f．展示は，原則右方向への移動線
g．高さは1.2m以上（目の高さより上）

Let's Try 4

● My Town !
　「私の住んでいる町」をテーマに，パワーポイントなども利用して，ポスターセッションのためのポスターを作ってみよう。

テーマ「ふるさと発見！　　　　　市」	
市章・市花	
キャッチフレーズ	
特産物	
観光スポット	
有名人	
歴史・地理	
特徴	

第4章 セールストーク

1．セールストークの重要性

　セールストークとは「商品を売り込むための話術」「顧客の心をとらえる販売上の効果的な話術」のことである。したがってセールストークの成否は顧客がその商品を購入してくれたかどうかで決まると言ってもよい。顧客は多くの場合，その商品やサービスを購入するかどうかを決めかねていたり，どの商品を選んだらよいのか迷っていたりする。その意味では，セールストークは相手をいかに「説得」するかということだとも言えるだろう。特に，競合製品が多数ありどれかの商品に絶対的な優位性がないときは，顧客がどの商品を選ぶかはセールストークにかかっていると言っても過言ではない。このようにセールストークはビジネスにおける重要でかつ基本的な要素なのである。

（1）プレゼンテーションとの関係

　先に述べたようにセールストークとは，商品を「売り込むための話術」である。売り込むためには顧客がその商品を魅力的だと感じ，欲しいと思い，納得して購入するように話を持っていくことが必要である。そのように考えると，セールスをする上でまず大切なことは，顧客に対してその商品の魅力をどのようにアピールできるか，つまりプレゼンテーションできるかということになる。プレゼンテーションを行うときは，そこで扱う商品やサービスの，どういった点を，誰に，どのように，アピールするかを考えなければならない。商品が持つ特徴を前面に押し出し他社との違いをアピールする場合も，相手が男性か，女性か，若者か，年配か，家族で使うのか，一人で使うのか，などを考慮して，どのような特徴を強調すれば相手は魅力を感じるかということを考えなければならない。常に忘れてはならないのは，顧客が何を欲しているかということである。プレゼンテーション能力はセールストークの成否を左右する大きな要素なのである。

（2）顧客とセールストーク

　セールストークではプレゼンテーションが重要であることは先に述べたが，顧客には，さまざまなパターンが考えられる。ビジネスの場においては，セールストークの相手は多岐にわたるので，次の二つの観点から顧客のタイプを整理しておくとよいだろう。1点目は，顧客が商品やサービスの内容に対して専門的知識を持っているかいないのか，ということである。もう1点は，プレゼンテーションする相手が少人数なのか多人数なのかである。それぞれにどのような注意や配慮が必要となるかをまとめると以下の表のようになる。

顧客の4タイプと注意点

対象人数 ＼ 顧客の専門性	専門的知識が豊富な人	専門的知識の少ない人
	商品の性能や，具体的な効果やメリットの詳細な説明が必要。場合によってはデメリットについても説明が必要	製品のセールスポイントについてのわかりやすい説明が必要
少人数　実際に商品に触れてもらったり，試しに使ってもらったりすることができる	・専門小売店への販売 ・業者選定のためのプレゼンテーションなど	・店舗での小売り販売 ・訪問販売
多人数　大勢の人が見ることができ，説明を聞けるような工夫が必要となる	・見本市など	・販売促進のためのキャンペーンなど

　専門家や商品に詳しい顧客を対象にセールストークを行う場合は，商品についての詳細な説明が必要となる。また，商品のメリットや他社製品より優れた点ばかりでなく，デメリットや欠点などもオープンに伝えることで，かえって商品に対する，さらには正直に率直に話そうとしているあなたに対する信頼を得ることもある。一方，一般的な消費者を対

象とする場合は，詳細なスペックの説明や専門用語を多用した説明では商品の良さが伝わりにくい。豊富な商品知識が信頼を生むというよりは，ひとりよがりな説明ばかりする不親切な人と見られてしまうかもしれない。これでは売れるものも売れなくなってしまう。その場合は，その商品の特徴を一つか二つに絞ってアピールする方が有効である。また，その商品の使い勝手や，商品を使うことでどのような楽しさや良さがあるのかをプレゼンテーションするのもよいだろう。

対象者が少人数の場合は，実際の商品や資料を一緒に見て確認しながら話す方が効果的である。多人数のときに比べて，一人ひとりの反応を窺って，ニーズを確認しながらセールストークを工夫することができるので，そのメリットを生かしたセールストークがよい。逆に多人数を対象とする場合は，広い空間でセールストークを行うこととなるので，遠くからでも商品や資料をよく見ることができ，話の内容を聞き手が理解できるようにすることが大切である。

実際にセールストークを行う場面はさまざまであるので，それぞれの細かな状況の違いに応じていろいろと工夫することが必要となる。時間，対象となる顧客とその人数，場所などを考慮して状況に応じた適切な情報量，資料やデータの提示方法とその効果を考えなければならない。

（3）顧客の状況を理解する

さて，このようなことに注意を払いセールストークを行ったとしても，必ずしも顧客はサービスや商品を購入するとは限らない。そこでセールストークやプレゼンテーションにさらなる工夫が必要となる。その工夫を行うためには，顧客がなぜ購入に至らなかったのかについて考えてみる必要がある。

購入しない理由としては次のようなことが考えられる。

a．どれだけの利益を生むかわからない
b．購入してもうまく活用できるか不安である
c．購入したものをフルに活用できないと経費の無駄になる
d．現在その品がないことによって困っていない
e．将来もその品がないことで困らないと思われる
f．他社商品と比べてから購入したい
g．新しく買い換える必要がない

h．購入するための社内手続きが面倒
　　i．いまその品を購入するための資金がない
　　j．購入するための資金調達が難しい

　購入に結びつけるには，上記の理由を一つひとつ打ち消していくセールストークが必要である。商品やサービスについての紹介だけでなく，顧客の中にある購入を躊躇する気持ちを理解し，購入しやすい状況を提案できる応用力が必要となる。顧客の不安や懸念，躊躇する内容が何であるのかを会話の中から見抜いていくこともセールストークには必要である。なお，購買心理については次節で述べる。

2．セールストークの基本

　ここでは，セールストークを成功させるために，①用意すべきものと，②顧客の購買心理について説明する。①は，説明内容を考え資料を準備することである。②は，顧客のニーズや気持ちを汲み，購入に導くための知識である。
　成功するセールストークでは，六つの項目を挙げて説明する。購買心理では，AIDMAの法則や購買心理過程の8段階について説明し，具体的なセールストークの例も挙げていく。いずれも上手にセールストークを行うためには身につけるべき知識と技術である。

（1）セールストークの準備

　セールストークの対象は購入を決意した顧客だけではない。そこで，セールストークでは顧客の気持ちを購入に導くようなプレゼンテーションが必要である。準備すべきものやツールは概ね次のようなものである。

　　a．カタログ，パンフレット，資料　　b．商品情報の確認
　　c．予想される質問に対する回答　　　d．商品の見本，試供品など
　　e．購入のメリット・デメリット　　　f．顧客情報の収集

　資料等は対象に応じて内容や体裁に工夫が必要であり，そのために顧客情報が必要となる。

（2）成功するセールストーク

準備が整ったらいよいよセールストークの実践である。

セールストークを成功させるための六つの基本

- a．笑顔と誠意ある誠実な態度……人間関係の基本は笑顔であり，さらに顧客から信用される態度が必要である
- b．服装・身だしなみ……顧客に対する配慮の表れである
- c．挨拶とお辞儀……顧客を認識していることの表明である
- d．相手の立場の理解とほめ言葉……顧客が心を開いてこちらの言うことを受けいれてもらうためには必須のかかわり方である
- e．正確で豊富な商品知識と商品の提示……売りたいものは商品であるから，それらに対する知識や実物を見せることは重要である
- f．視覚への訴求……同じことでも言葉だけでの説明と，図やグラフなどがあるのとでは説得力や訴求力が大きく異なる。百聞は一見に如かずである

顧客満足の何割かはそれを売り込んだ本人に対する満足度でもある。そのためセールストークを行うその人自身も重要な要素になる。服装や言葉遣い・表情など表面にあらわれるものだけではなく，その人の内面から醸し出される人間性が問われる。あなたに対して顧客が信頼感・愛情・尊敬を抱くことでビジネスが成功することを忘れないでほしい。

column

　1980年代に，アメリカの3M社という世界的企業で，顧客の購買心理を研究し，営業が説明しやすく顧客が理解しやすいように開発した技法に，FABE技法がある。FABE技法とは，商品の特徴（Feature），商品の利点（Advantage），利益（Benefit），証拠（Evidence）の四つの分野に分けて説明しながら，顧客に商品情報を提供していくという手法である。

（3）顧客の購買心理

　セールストークでは，顧客がその時々でどういった気持ちなのかを捉えて会話をする必要がある。では顧客はどのような心理状態で購入を決めていくのであろうか。購買心理の変化を段階別に示したものに AIDMA の法則がある。

AIDMA の法則

```
A  =  Attention ：広告などによって注意を引かれる段階
I  =  Interest  ：注意を引かれた商品に関心を持つ段階
D  =  Desire    ：商品をほしいと思う欲求の段階
M  =  Memory    ：商品やブランドを記憶する段階
A  =  Action    ：購買行動を起こす段階
```
　AIDMA の法則は，1920 年代，アメリカの学者ローランド・ホール氏によって提唱された

　この AIDMA の法則をさらに細分化したものに「購買心理過程の 8 段階」というものもある。

購買心理過程の 8 段階

段階	購買心理	各段階に対応した行動
①	注目	よい挨拶，商品の紹介などを行う
②	興味	問題解決の提案，メリットの提示を行う
③	連想	導入しないデメリットの提示を行う
④	欲求	具体的に成功した状態を暗示する
⑤	比較	現状の比較や，競合相手の比較を行う
⑥	信頼	不安要因の解消によって信頼を得る
⑦	購入	見積書の提出や契約の締結する
⑧	満足	約束を実行，アフターサービスを行う

どちらも，顧客が購入を決意するまでには一定の段階が必要だということを表している。相手が主にどの段階やどういった心理状態にあるかということは，会話のやりとりの中からつかまねばならない。そこには相手に対する配慮や観察など，セールストークを行う者の人間関係構築力が必要となる。

3．セールストークの構成

セールストークの構成には，プレゼンテーションの構成と同じように，三段構成や四段構成がある。ここでは①アプローチを行う導入話法，②本題ともいえる応酬話法，③クロージングを行う締結話法，の三段構成で考えてみよう。

（1）三段構成の内容

三段構成の第一段階である「導入話法」では，顧客との挨拶に始まって，さまざまな情報提供を行う。舞台でいえば前座のような役割で，相手の気持ちをほぐし，お互いが打ち解けてその後の話の展開をスムーズにする段階である。

第二段階の「応酬話法」では，顧客に情報提供し，購入につながる会話を行う。セールスは断られてから始まる，といわれるように，断られてそうですかと引き下がるのではなく，その後にどのように応酬するかを考えていくことが必要である。

① 応酬話法の四つのパターン

ⅰ．yes・but法：
　相手の言うことを肯定しておいて，徐々に覆し，自分の考えている方向へ持って行く話法。例えば，「性能が高いのはわかったけど，この値段だと予算をだいぶ超えてしまうなぁ」「たしかに価格は高いですね（yesの部分）。しかしこの価格でこれだけの機能がついていることを考えると，逆にお買い得だといえるかもしれませんね（butの部分）」。

ⅱ．引例法：
　第三者の同じような事例を提示して，相手の反対に対応していく話法。ただし，比較に出す相手はクラスが同等か上のクラスであること。「うちにはこの大きさのテレビは必要ないなぁ」「そういえばこの前来られたご家族は，3人家族ということでしたが，

やはりみんなで見られる方がよいと，こちらの一つ大きいサイズを購入されていましたね」。

ⅲ．質問法：
　そうですか，特に何かございますか，と相手に問いかけていく方法（オープンクエスチョン）。はい・いいえ，で答えられる質問（クローズドクエスチョン）では情報を相手から引き出すのは難しい。例：顧客「このカメラは私だけが使うわけではないですしね」Q1「お子様もお使いになるのでしょうか？」 Q2「主にどなたが使われるのでしょうか？」 Q1の応答は，「はい」か「いいえ」で返事が返ってきて，それ以上話が展開しにくい。Q2の話法だと，相手からいろいろと話を引き出すことができる。

ⅳ．ブーメラン法：
　相手の主張を丸ごと受け止めた上で，それを返しながら会話を重ねていく方法。「こんなのでたばこがやめられるとはとても思えないんだけど」「そうですよね。信じられないですよね。でもこの商品はそう思っている方にこそ使ってほしいんですよ」。

　第三段階の「締結話法」で，顧客に購入を決意させるように働きかける。セールストークの締めくくりである。

②　締結話法の代表的な四つのパターン

ⅰ．肯定的暗示法：
　顧客の納得を得ながら，小さな合意を積み重ね，最終的な意志決定を促す方法。いきなり最終決定を促すのではなく，小さな決定を積み重ねていって最終決断につなげる。「一度にご購入は難しいようでしたら，まずはこの商品だけでもお試しになってみてはいかがでしょうか？」「それでしたらこれは少量のパックになっておりますので，こちらを購入されてみてはいかがでしょうか？」。

ⅱ．二者択一法：
　導入決定を前に，最終的に導入するのか見送るのかという状況を迫って，決定を促す。選択肢を二つに絞るところが特徴。「本日お買い上げいただければ，送料は無料にできますが，明日以降ですと，送料が別途かかってしまいますがいかがなさいますか？」。

ⅲ．推定承諾法：
　購入決定を打診するのではなく，すでに購入するという前提に立って話を進めていく方法。まだ購入を迷っている顧客に対して「それでは在庫を確認して参りましょう」「お支払いの際は，一括ですか分割になさいますか？」など。

iv．結果指摘法：

　導入することのメリット，導入しないときの不利益を提示して，意志決定することのメリットを示す方法。「禁煙は早く決断されますとそれだけ効果も上がりますが，今決断なさらないとまたタイミングを失ってしまうかもしれませんね」。

　以上の構成を時間配分で表すと，導入話法が2割程度，応酬話法は4，5割，締結話法は3，4割といったところである。実際の会話では，どの話法のどのパターンを使っているかは不明確で，いくつかにまたがって会話するのが一般的である。活用するときは，これらの話法を念頭に置きながら臨機応変に対応していこう。

column

　導入話法に困ったら……「裏木戸にたちかけせし衣食住」を思い出して活用してみよう。
　裏→裏話　木→気候　戸→道楽　に→ニュース　た→旅　ち→知人　か→家庭　け→健康　せ→性　し→趣味　衣→ファッション　食→食べ物　住→住宅

4．セールストーク実例

　店頭での接客を題材に，セールストークのよい例と悪い例を紹介する。セールストークはほんのわずかな会話の差で大きく結末が異なることを具体例をとおして見ていこう。また実際にセールストークのロールプレイングを行い，顧客の心理を想像してどのような応対が適切かを各自で考えてみよう。

（1）よい例と悪い例

　ヘルシー志向の電子レンジに興味を持って来店した40代女性に対するセールストークのよい例。

女性	店員	ポイント
家電コーナーを見て回っている女性	（少し様子を見ながら，女性が電子レンジのあたりで周りを見回している様子を見て） ご来店ありがとうございます。電子レンジをお探しですか？	挨拶することで顧客との関係作りをはじめている。次は顧客の興味や関心・知識の度合いを測りながら，どの程度購入意欲があるのか，またはそれを高めるにはどうしたらよいかを考えていく
ええ。今日はとりあえずですが。今使っているのはずいぶん古くなっているし，そろそろ買い換えようかと思って	そうですね。最近は単なるレンジ機能だけではなくずいぶんといろいろな機能のついたものが出ていて，人気の商品に買い換えられる方も多いですね	買い換えの意欲はありそうだが，今日の時点で決意するかどうかは対応次第というところだろうかと思い，買い換えのお客が少なからずいることを伝え，買い換える方に意識を向けようと意図している
ただいろいろ機能が多すぎて，何がどうなのか正直よくわからないんですよ。コマーシャルでもよく宣伝していますよね		どうやらレンジのことについて顧客なりに調べているが，どの機能がほしいのかを絞ってきているわけではなさそうだと判断。しかし，機能について事細かく説明するのも早すぎると考え，顧客のニーズや興味を探るように応対しようとしている
	どういった機能をお望みですか？なにか気になる機能などはございますか？	これは相手から情報を引き出すタイプの質問である。もし「余分な油を落とす機能などどうですか？」と聞くと，的を射ていたらいいのだが，外してしまう危険もある

あの，余分な油を落としてヘルシーにというのをよく聞くんですが	最近はそういった健康によい機能があるものを好まれる方も多いですね	相手の発言を肯定的に受け止めている。かつその機能を求めている理由は健康によいから，という可能性が高いだろうということではないかと推測している
やはり，そうですか……	同じような機能で，野菜のビタミンなど損ねないように調理するというようなものもありますし	相手の話題を少し膨らませようとしている。それによって購入への意欲が高まるように話をつなげたいと思っている
いろいろあるんですね	もしよろしければそういった機能についてご説明いたしましょうか？	ここで顧客が店員の話を聞くという状況を作ることができた。最初の関係作りとしてはまずまずであろう

　ヘルシー志向の電子レンジに興味を持って来店した40代女性に対するセールストークの悪い例。

女性	店員	ポイント
家電コーナーを見て回っている女性	（少し様子を見ながら，女性が電子レンジのあたりで周りを見回している様子を見て） ご来店ありがとうございます。電子レンジをお探しですか？	顧客に対して挨拶から関係作りをはじめている。次は顧客の興味や関心・知識の度合いを測りながら，どの程度購入意欲があるのか，またはそれを高めるにはどうしたらよいかを考えていく

第4章 セールストーク | 139

ええ。今日はとりあえずですが。今使っているのはずいぶん古くなっているし，そろそろ買い換えようかと思って	そうですね。これなどは最近の売れ筋で，野菜の栄養を損なわずに調理できることで人気です。こちらはかなりこった料理も自動で作ることができる機能が特長です。これなどはちょっとお高いですが，さまざまな機能をほとんど持っているので，お忙しい方にも便利ですし，また料理好きの方にも好評です	相手のニーズや興味などがどこにあるかを知ろうとせず，いきなり店員ペースで話を始めてしまっている。これでは顧客は買わされてしまうと警戒する気持ちになり，後はどのようにして断ろうかということばかり考えるようになってしまう
そうですか，ずいぶんいろいろあるんですね。今日はカタログをいただいて，また検討してみます		顧客の購入意欲は失せてしまった。店員の説明自体は有用な情報だったが，一方的に話を進めてしまった結果だと思われる

実践編

Let's Try 1

●話題の薄型 TV を購入に来た 20 代女性に対するセールストークである。右側の欄の着目点を読み，店員としてどのように応対するか，その台詞を具体的に考えロールプレイングを行ってみよう。

女性	店員	ポイント
TV のコーナーを見て回っている女性	①	顧客に対してまず関係作りが必要である。同時に顧客の興味・関心・知識の度合いや購入意欲などを測りながら顧客の気持ちをつかんでいく準備をしておきたい
ええ。今日はとりあえずですが。家のテレビは古くなっているので，そろそろ買い換えようかと思って	②	女性には買い換えの意欲や決意はどのくらいありそうかを考えよう。また決意を高めるためにはどういったかかわりが必要かを考えよう 購入意欲が高い場合とあまり高くない場合を想定して，二種類の台詞を書いてみよう
どうもいろいろな方式があったり，大きさがあったりして，結局よくわからないんですよね	そうですね。これだけあるといろいろ迷われるのも仕方ないですよね。しかしある程度傾向はありますから，気になっている点などがございましたらご説明させていただきたいと思	この応答は，顧客の気持ちを肯定的に受け止めようとしている。迷っていることを受けて，そのあとでも大丈夫という方向につなげている

	いますが，いかがでしょうか？	
そうですね。色がきれいというのがいいかなあと思っているんですけど	（店員が女性に，テレビの発色について解説）	ここでは相手の興味関心に合わせて商品説明をしている
なるほど……	③	さらにいろいろと説明をしたいところだが，店員の先走りにならないように顧客から話を引き出したい。どういった応答があるだろうか？
そうですね。うちは一人暮しなので，そんなに大きいのは必要ないかなと思っているんだけど，大きさに合わせて値段も安くなるわけではないみたいですね	④	③でうまく顧客から話を引き出せたとしよう。この顧客の質問に対して，顧客の言いたいことのポイントはどこにあるだろうか？また，顧客に買う決意をしてもらうためにはどんな言葉が有効だろうか？そのことも併せて考えよう

〈回答のポイント〉
① 「ご来店ありがとうございます。TVをお探しですか？」
② 「そうですね。地デジに変わったのをきっかけに買い換えられた方も多いですね」相手の気持ちを買い換える方向に捉え直して返している。
③ 「他になにか気になる点はございますか」相手の興味関心について聞いている。
④ 「そうですね。サイズと値段が比例しているわけではないというところは悩みますね。売れ筋のものは安くなりますし，品薄にもなりやすいですし……購入時期は迷うところですね」購入意欲を高めるような働きかけをしよう。
※各自でいろいろな応答を考えて何度もロールプレーイングをしてみよう。

Let's Try 2

●ノートパソコンを買いに来たビジネスマンに対するセールストーク。ある程度機種について話し合った後の会話である。クロージングとして店員の応対のどこに問題があるか考えてみよう。

男性	店員	ポイント
どうしようかな。やはり……	そうですね，そうするとやはりこのＡ社のGX9という機種になさいますか？	・ 店員の応対は，購入する機種を押しつけることになっていないだろうか？
うーん，いや，やはりその機種はバッテリの持ちが気になるね。カタログでは6時間とあるけど，実際その半分か1/3くらいしか持たないだろうし。出張が多いから，東京大阪間くらいは余裕が欲しいね	それでしたら，Ｂ社のLA-x55なら，バッテリの持ちは公称9時間ですから，1/3でも3時間はいけそうです。ただそうすると値段が3万円ほど上がってしまいますし，Ａ社のよりも重くなってしまいますね	・ 顧客はまだ迷っていることを感じ取ろう。バッテリのことを挙げて迷いを表明している。だから顧客の迷いを取り上げて，顧客が購入機種を自分で決めたと感じられるように話を持って行くにはどうしたらよいだろうか？ この例は，そういった応対になっているだろうか？

やはり持ち運ぶためだから重くなるのはいやですね	重さと性能やバッテリの持ちはやはり比例するのは致し方ないことですね。その辺は割り切りが必要なんじゃないでしょうか	・ 複数の点で迷っている顧客に対しては，店員が優先順位を決めるのではなく，対応を通して，顧客が自分で意思を決めていくようにする方がよい。この対応はその点どうだろうか？
そうですね，いっそ割り切って小さいのにしちゃった方がいいんでしょうかね	それでしたら，Ｃ社のこれなんかは，とにかく軽くて小さいですよ。どうですか？	・ 顧客はかなりうんざりしているようである。このあとどうしたら再び顧客の気持ちをつかめるだろうか？

第5章 企画・提案のためのプレゼンテーション

1. 企画・提案とは

　企業やさまざまな組織では,「企画」あるいは「提案」,また,「企画・提案」とまとめて言うところもある。いずれにしろ,新規の事業化や開発,販売,サービスなど,さまざまな問題についての改善や提案,問題解決を図り,関係者に承認を得て業務の効率化や向上を目指すものである。

2. 企画・提案の作成要領

　決まった作成要領があるわけではないが,作成にあたっては次の点に留意しよう。

　　a. 誰に対する企画・提案か
　　b. 何を企画・提案するのか
　　c. なぜそれを企画・提案するのか
　　d. 目指すものは何か
　　e. 得られる効果は何か
　　f. どのような方法でどれだけの期間で実践するか
　　g. 実現のために何が必要か

　これらのことを5W1Hで確認すると次のようになる。
ⅰ. Who
　プレゼンテーションを聞く相手は誰なのか,あるいは,誰のためにするのか,さらには誰を対象とした企画か,誰がするのかなどを明らかにする。
ⅱ. What

相手は何を望んでいるのか，あるいは，どのような考え方を持っているのかを押さえておく必要がある。また，何が問題か，何を目指すのか，企画・提案を実現するにあたって何が必要なのか，質的・量的にどのような効果が得られるのかなど，「what」に対して考慮する項目は多い。

iii．When

いつするのか，いつまでにするのか，時間や期日に関する配分を明確にする。

iv．Where

どこでするのか，どこで発生しているのかなど，場所を明確にする。

v．Why

この企画・提案の目的は何か，なぜ必要かなどを明確に説明する。

vi．How

どのような経緯でそうなったのか，どのような手順でするのか，何がどれだけ必要なのかなど，how to や how many，how much に関する内容が提示されていることを確認する。

企画・提案で大切なことは，聞き手がその必要性を感じ，納得して受け入れてくれることである。したがって，企画・提案するものは何なのか，どのような効果が得られるのかを理解してもらえるよう，現状分析や問題点の情報収集，説明する順序，表現方法などを吟味する必要がある。

3．企画・提案の構成

　企画・提案する場合の構成は，基本的に序論・本論・結論の3部構成で考える。

　序論はとても重要である。最初の部分で，聞き手が興味を抱き，その気になるか，いわゆる「つかみ」の役割を果たしているからである。何のためにどんな企画・提案をするのか，その目的，問題となっている背景，さらに聞き手にとってのメリットなどをコンパクトにまとめ，これから話すことのアウトラインを提示する。

　本論では，アウトラインにしたがって企画・提案する内容を具体的に提示する。問題となっている現状分析や課題を示し，そこから何を目指すのか，実現するためのシステムや機能の概要，実現するとどうなるのか，どのような効果が得られるのか，活動の手順，スケジュール，必要なもの（人・金）などを数値，事例，競合他社の動向などを示しながらまとめる。

　結論の部分は，企画・提案したことを再度強調し，熱意を持ってアピールすることによ

り信頼を得る。

企画・提案の構成

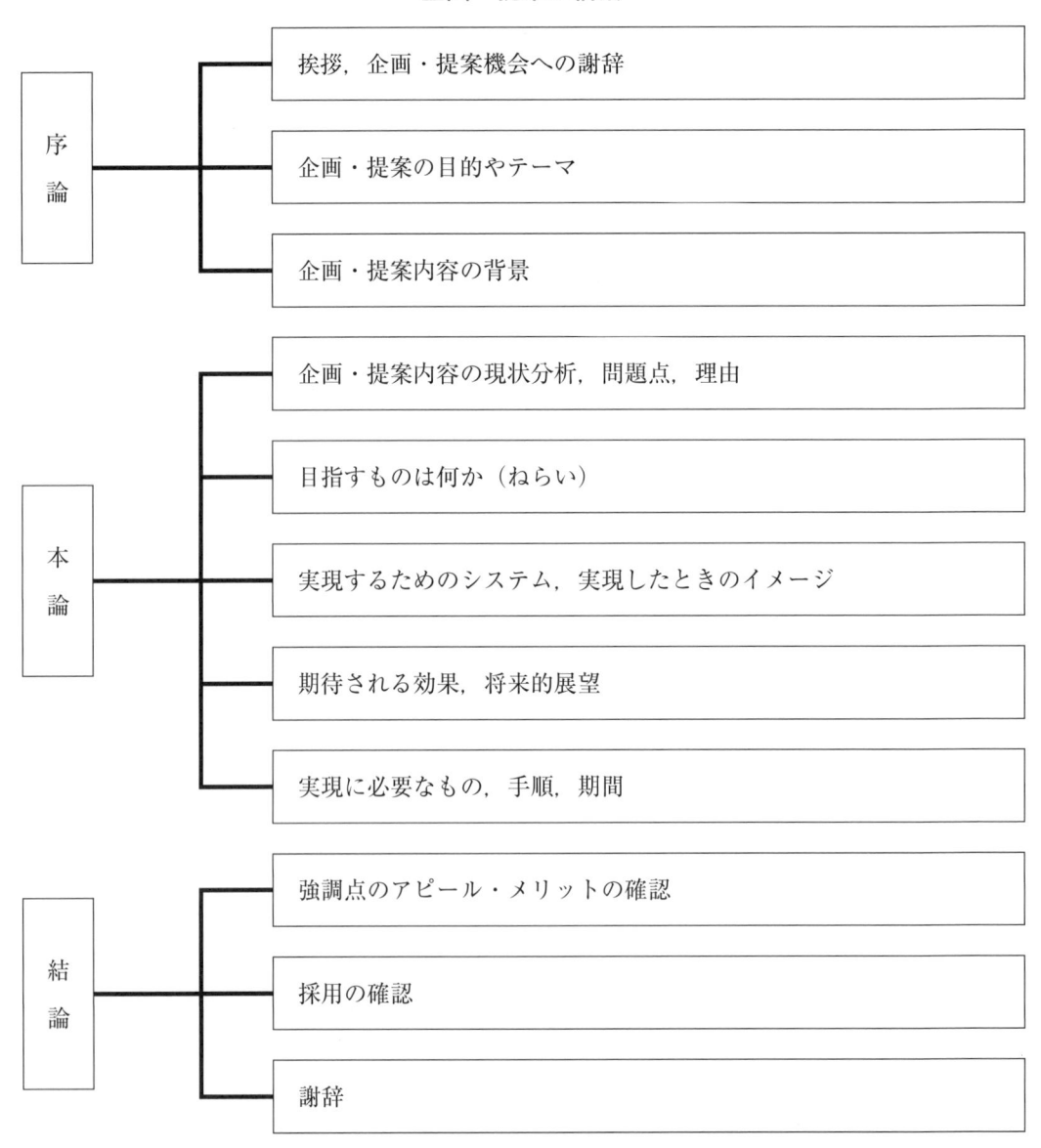

- 序論
  - 挨拶，企画・提案機会への謝辞
  - 企画・提案の目的やテーマ
  - 企画・提案内容の背景
- 本論
  - 企画・提案内容の現状分析，問題点，理由
  - 目指すものは何か（ねらい）
  - 実現するためのシステム，実現したときのイメージ
  - 期待される効果，将来的展望
  - 実現に必要なもの，手順，期間
- 結論
  - 強調点のアピール・メリットの確認
  - 採用の確認
  - 謝辞

では，次の文の内容を整理し，企画・提案のアウトラインを具体的に考えてみよう。

あなたが勤務する大学では，少子化に伴い，年々入学する学生数が減少している。昨年のオープンキャンパスでも，一昨年の来学者数に比べ20％の減少である。そこで，

第5章　企画・提案のためのプレゼンテーション　｜　147

今年は来学者数アップを図るために，入試課員のあなたは，入学してくる学生の視点に立って「学生による受験生のためのオープンキャンパス」を開くプロジェクトを立ち上げることを企画・提案した。

　このプロジェクトでは，まず，プロジェクトに参加協力しようとする学生の公募により選抜する。また，ゼミ担当者ならびに職員から推薦された学生も含む。予定人員は50名。選ばれた学生を一堂に集め，「受験生が参加してみたいオープンキャンパス」について討論をしてもらう。そこで，ここの学生の適性を判断し，チームを結成する。各チームから提出された企画内容を吟味し，採用された企画について学生自身が計画し，実行に移す。

　このプロジェクトは，オープンキャンパス当日まで約5ヵ月の活動を予定している。

　このプロジェクトで予想される効果は，受験生の目線で捉えたオープンキャンパスを開くことにより，より多くの来学者の増加が見込める。さらに，受験生には本学の理解を深める機会となる。また，プロジェクトにかかわった学生が，自分たちで企画・実行した結果を得ることで，学生のモチベーションアップ，達成感が得られる。これらのことは，学生が社会で活躍するときの大きな自信につながる。

⬇

聞き手	学内のスタッフ
テーマ	オープンキャンパス
はじめに	挨拶，プレゼンター自己紹介
現　状	少子化に伴う入学者数， オープン・キャンパスへの来学者数の減少
ねらい	学生による未来学生のためのオープンキャンパス
期待されるもの	①　来学者数の増加（方法：選ばれた学生　⇒　チームごとの企画コンペ　⇒　学生による受験生目線に立った企画実行） ②　協力学生の成長　（学生同士が試行錯誤を重ね協働）
費用の概算	見積額一覧（別紙）
実施期間	○月　～　○月
期待される効果	①　来学者数の増加，受験生の本学理解の取得 ②　協力学生の協働により社会性を身につける
おわりに	質疑応答，挨拶

全体のアウトラインが決まれば，他学の情報などの材料を収集し，プレゼンテーションのためのストーリーを作成する。

パソコンソフトを使って資料を作成していく場合には次の点に気をつけよう。

　a．何を提案するのかを，目的とともに最初に述べる
　b．一枚のスライドにメッセージを詰め込まない
　c．ポイントなどは箇条書きでまとめる
　d．文字の大小，太さ，色などの変化をつける
　e．イラストやグラフなどを併用し，「見せる」資料を作成する
　f．縦横方向の統一を図る
　g．相手の立場に立った表現を心がける
　h．専門用語など言葉の選択に気をつける

上記の例は内部向けのプレゼンテーションであったが，聞き手が外部者の場合は「はじめに」や「おわりに」の挨拶の内容や言葉づかい，表現も変わってくるので注意が必要である。

「はじめに」の言葉（例）

　このたびは，プレゼンテーションの機会をいただき，ありがとうございます。
　本日は，○○○についてご提案を申しあげます。
　○○○をご採用いただくことによって，……と確信いたします。

「おわりに」の言葉（例）

　本日は，○○○についてプレゼンテーションの機会をいただき，ありがとうございました。
　○○○のご採用によって御社の△△△のうえで，……と存じます。
　ご検討のほど，よろしくお願いいたします。

Let's Try 1

●企画・提案する目的は何かを考えてみよう。

Let's Try 2

●146・147ページをもとに、あなたが応募した学生として、オープンキャンパスの企画・提案をしてみよう。

　オープンキャンパスではどのようなことを実行してみたいか、箇条書きであげてみよう。

①
②
③
④
⑤
⑥
⑦
⑧

Let's Try 3

● Let's Try 2で挙げた項目から，企画・提案しようと思うものを選び，それをもとにオープンキャンパスの企画・提案のアウトラインを作成してみよう。

オープンキャンパス　企画・提案　アウトライン

聞き手	
テーマ	
はじめに	
現　状	
ねらい	
期待されるもの	
費用の概算	
実施期間	
期待される効果	
おわりに	

第6章 ディベート・ディスカッション・ミーティング

1．ディベートとディスカッション

（1）ディベートとディスカッションの違い

　ディベートとディスカッションは，共に英語で，日本語ではどちらも「議論・討論」と訳されるそのため日本では，両者は混同されやすい。しかし，両者は，その内容が全く異なっている。

　ディスカッションは，ある論題についてさまざまな立場から意見を述べ合うことである。そのため，議論の過程でお互いがそれぞれの意見を取り入れながら，最終的結論は中間的なものになることが多い。また，どちらか一方の意見が結果として選択されたとしても，結論は，双方の考え方を取り入れた修正的なものになることもしばしばである。例えば，小学校の学級会での話し合いを思い出してほしい。ディスカッションの一例である。

　ディベートは，ある一つの論題について肯定と否定の両方の立場から，「勝敗を決する」

Let's Try 1

●ディベートとディスカッションの違いをまとめてみよう。

	討論の様相	討論の結果
ディベート		
ディスカッション		

ための討論である。つまり，ディベートでは，結論があいまいなまま終わることはありえない。

　ディベートは，アメリカをはじめ西欧社会では一般化している議論の形式である。論理的対決によって問題解決を図ることの歴史が浅い日本では，まだ十分に普及していない。しかし，実社会では，政治家・外交官・弁護士・学識者といった専門的職業に従事する人たちばかりではなく，ビジネス社会においても，広くディベートの能力が要求される。

Let's Try 2

●5～6人ぐらいで司会者を決め，自由にディスカッションをしてみよう。
　議論のテーマ例：　①　良い職場の条件。
　　　　　　　　　　②　理想の家族とは，など。

ディスカッションの記録と反省用紙

日時	年　月　日	テーマ	

出された意見
（箇条書きに）

自分が述べた意見

司会者のまとめ

感想，反省など

（2）ディベートのルールと方法

① ディベートの基本的な条件

　ディベートには，設定された論題について，肯定・否定いずれかの立場をとるディベーター（討論者）が必要である。競技として実施する場合は，2人ないし3人が一組になって行うチームディベートが一般的である。

　ディベーターに加えて，ディベートを実施するためには，司会者・タイムキーパー・審判員・聴衆の参加が必要である。

　演壇を中心に，聴衆から見て左側に肯定者側，右側に否定者側の座席とすることが一般的である。立論のスピーチは，肯定者側が最初にあり，後で否定者側がスピーチを行う。

　ディベートで，もっとも大切なことは公平性である。後でスピーチをする者ほど，それまでの議論をふまえて議論することができる。つまり，最後に発言するものが有利になるので，立論では否定者側が，反駁では肯定者側が最後にスピーチをすることにより，両者の平等性を保証する。また，ディベートでは，タイムキーパーの役割は重要で，時間の配分に公正さを失わないように注意しなければならない。

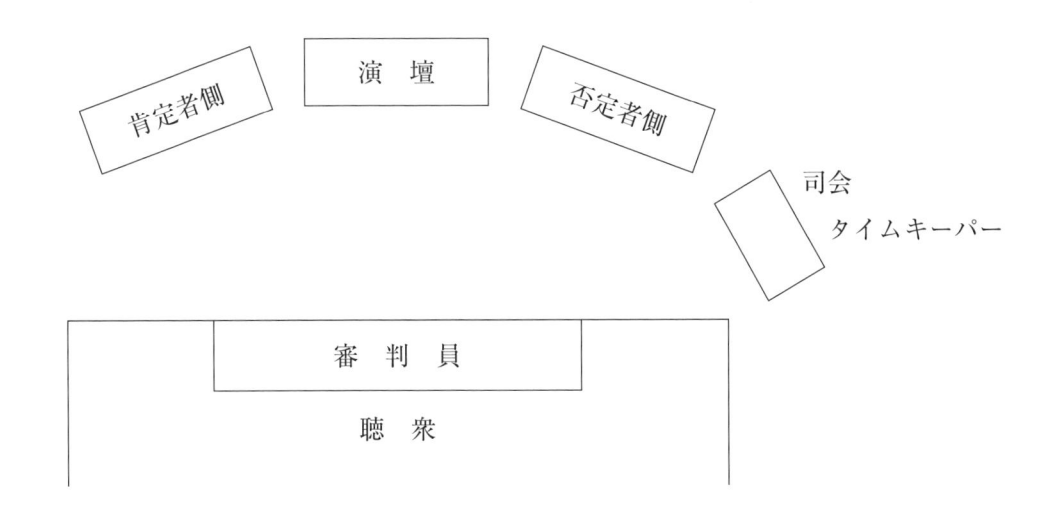

```
        肯定者側    演 壇    否定者側
                                  司会
                                  タイムキーパー

              審 判 員
               聴  衆
```

② ディベートの立論と反駁

　ディベートは，短時間で自説を主張しなければならない。できるかぎり単純な構成でスピーチを行う。そのためには，序論・本論・結論というシンプルな三段構成が望ましい。

　序論・本論・結論は，序論では，肯定・否定についての自分の立場を明確に述べる。本

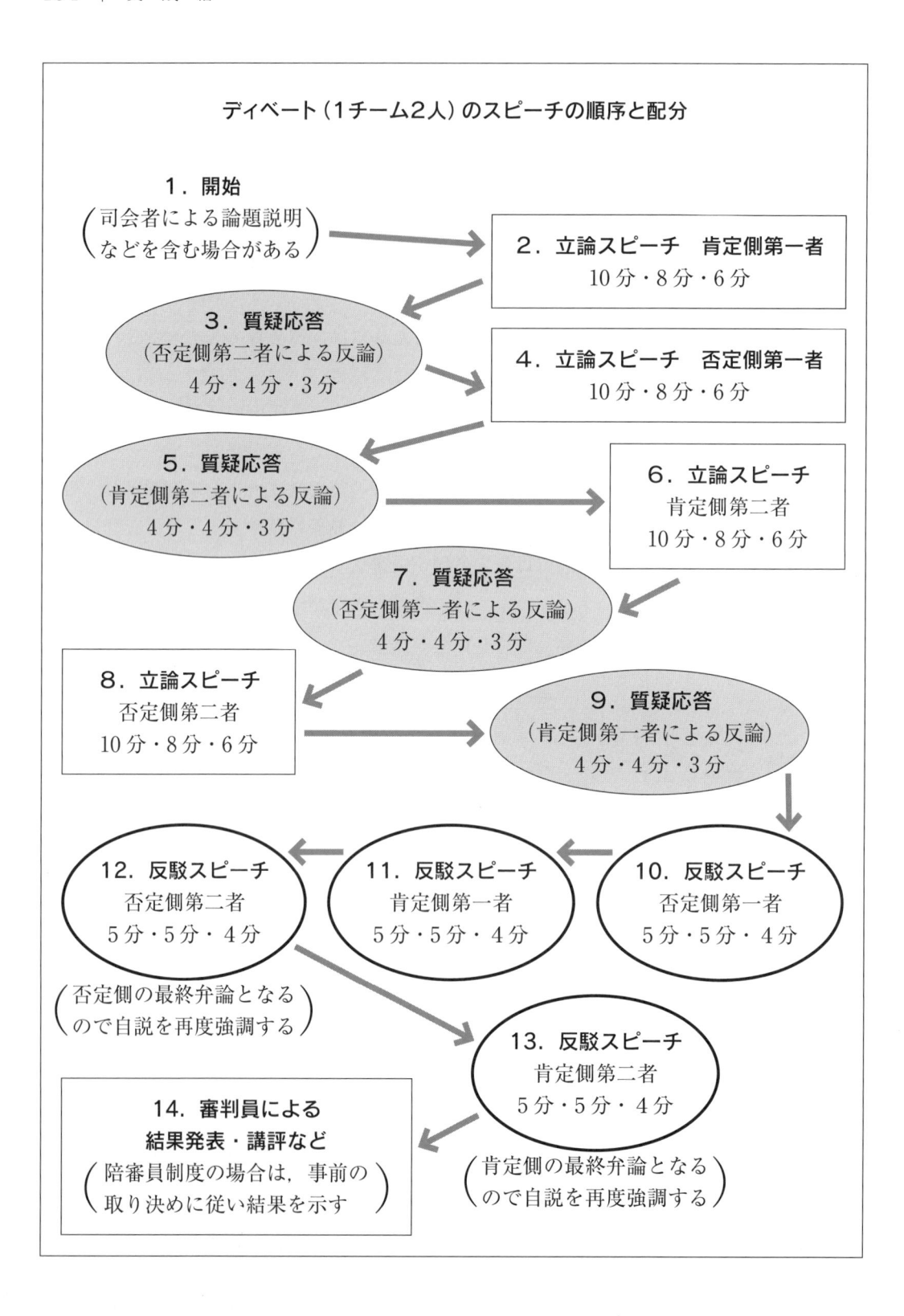

ディベート（1チーム2人）のスピーチの順序と配分

1. 開始
（司会者による論題説明などを含む場合がある）

2. 立論スピーチ　肯定側第一者
10分・8分・6分

3. 質疑応答
（否定側第二者による反論）
4分・4分・3分

4. 立論スピーチ　否定側第一者
10分・8分・6分

5. 質疑応答
（肯定側第二者による反論）
4分・4分・3分

6. 立論スピーチ　肯定側第二者
10分・8分・6分

7. 質疑応答
（否定側第一者による反論）
4分・4分・3分

8. 立論スピーチ　否定側第二者
10分・8分・6分

9. 質疑応答
（肯定側第一者による反論）
4分・4分・3分

10. 反駁スピーチ　否定側第一者
5分・5分・4分

11. 反駁スピーチ　肯定側第一者
5分・5分・4分

12. 反駁スピーチ　否定側第二者
5分・5分・4分
（否定側の最終弁論となるので自説を再度強調する）

13. 反駁スピーチ　肯定側第二者
5分・5分・4分
（肯定側の最終弁論となるので自説を再度強調する）

14. 審判員による結果発表・講評など
（陪審員制度の場合は，事前の取り決めに従い結果を示す）

論では，証拠の提示と検証その例示を行う。結論は，議論の主要論点を要約し，説得性のある表現で自説を展開する。

　質疑応答や反駁は，自分とは反対の立場の立論に対してなされる。反駁には，提示された事実認定の誤認や，その分析方法の粗雑さや非妥当性などをもとに行う証拠・事実に対する反駁，主張されている意見の個別性・特殊性や，論証の不明確さなどをもとの行う意見・論証に対する反駁，相手側が提案するプランに対し，その実現可能性の低さを指摘し，代替プランを提示する対抗的手段提示による反駁，の三つに分類できる。

（3）ディベートの審査と判定

① ディベートの審査

ディベートは，勝敗を決する討論であり，公正な審判員（judge）の存在が不可欠となる。審判員の数は，3～5人程度で，聴衆の何人かを陪審員にして審査することもできる。
　審判員は，次の事柄を中心に審査する。

　a．論証の優劣……論点について，証拠を提示し結論を導き出すまでの論証の妥当性の優劣を判断する。論題の分析，論拠，論理の一貫やスピーチの構成などが判断材料となる。
　b．質疑応答・反駁の優劣……反駁された相手方の見解に対する応答の優劣を判断する。反論の質や量，相手側の質疑や反駁に対応した反論がなされたかなどが判断材料となる。
　c．スピーチの技能・技術の優劣……立論や反駁のためのスピーチ・スキルの優劣を判断する。話し方はもちろんのこと，表現やしぐさ，また相手側との論争時の態度なども判断材料とする。

② ディベートの判定

　ディベートを判定するには，審判員は様式に則った「判定用紙」を用いる。
　判定は，「問題分析」「論拠・証拠資料」「スピーチの構成」「質疑応答」「反論・反駁」「話し方・語句選択」といった項目を設定し，各項目について，五段階評価でそのまま点数化する。
　判定にあたっては，複数の審判員が点数化したものの合計点で勝敗を決するのが基本で

| 実践編

Let's Try 3

● グループに分かれ，次ページのフローシートと判定用紙を用い，ディベートを行ってみよう。
　論題例：　① 嗜好品（お酒，コーヒー，タバコ）は，必要か必要でないか。
　　　　　　② 高校に制服は，必要か必要でないか，など。

column

ディベートの三種類

● 事実（fact）論争…「ヒマラヤに雪男は存在するか」など，事実の真偽を争う。
● 政策（policy）論争…「消費税は何％が適当か」など，プラン導入の是非を争う。
● 価値（value）論争…「宗教は必要か」など，制度・現象の価値のあるなしを争う。

日本語ディベート判定用紙

第____試合／____決勝戦　　　　____年____月____日
肯定側_____チーム　　否定側_____チーム
（氏名_____）　　　　（氏名_____）
採点基準／5：とても優秀　4：優秀　3：普通
　　　　　2：努力を要する　1：かなり努力を要する

5 4 3 2 1		1 2 3 4 5
	問題分析	
	論拠・証拠資料	
	スピーチの構成	
	質疑応答	
	反論・反駁	
	話し方・語句選択	

_____／30　合計　_____／30

判定：肯定／否定　側_____チームを勝ちとする。
（一方を○）
判定の理由：

　　　　　　　　　審判員_____

ある。点数は，公表しなければならない。審判員の代表は，ディベート全体や審査結果については，講評を行うのが原則となる。

2．ミーティング

(1) ミーティングとは

① ミーティングの定義と意義
　ミーティング（meeting）とは，英語で，広義にはさまざまな目的で人が集まることを意味する。一般的には，関係者が集合して相談をし，さまざまな事項について意思決定をする会議のことである。会議は，組織において人間関係を円滑にし，意思疎通を図り，組織を運営するうえで欠かせない機能をもっている。
　ミーティングを行う場所には決まりがあるわけではないが，通常，プロジェクターなどの提示装置が準備された会議室を使用するのが一般的である。会議室は，会議に出席すると予想される参加者が全員入ることができる広さのものでなければならない。
　ミーティングは，それに属する多く人々の意見を組織全体がくみ上げるものであるとともに，組織の意思をそこに属する多くの人々に周知し，理解させる働きも有している。後者の役割を果たすものとして，職場での朝礼などを挙げることができる。
　ミーティングは，組織全体に公平に情報が伝達され，それに属する人々が納得して組織的に行動できるようにするためにも大切な事柄である。近代以降，民主主義が発達してきた現代社会においては特に重要な意義をもつものであることは，十分に理解しておきたい。

② 進行と記録
　ミーティングには，議事を進行するための進行役が必要である。司会者また公的な会議では議長が，これにあたる。進行役は，出席者ができるだけ公平に発言できるような雰囲気つくりを心がける。また，議論をまとめる調整力や，処理能力も求められる。議決の際には，特に的確な判断力と公平性が必要となる。
　また，ミーティングでは，話し合われた内容，発言された意見，議決の結果などを記録し，保存しなければならない。その記録は議事録と呼ばれる。それを作成するために，ミーティングでは，あらかじめ記録係や書記を決めておくことを忘れてはならない。

（２）ミーティングの種類と注意点

① ミーティングの種類

　ミーティングの種類については，いくつかの分類法がある。ここではそれぞれ日本語で会議と記すが，それをミーティングとそのまま言い換えることができる。

　まず，大会議（100名以上），中会議（30名～100名程度），小会議（30名以下）という分類は，ミーティング（会議）の参加者の規模によるものである。参議院・衆議院などの本会議，企業の重役会議や課長会議，学校の職員会議，地域や個人で行う町内会議や家族会議などは，ミーティングの機能・性質や目的による分類である。ミーティングの様式・方法によるものとしては，円卓会議，遠隔会議，ビデオ会議，WEB会議といった分類も行われる。

② ミーティングの注意点

　ミーティングを行うときは，議題の設定，時間配分，会場の適切さ，配布資料や資料提示，会議室の広さや座席の配置などを事前にチェックしておきたい。

　特に，参加者の数や，ミーティングの種類によって，座席の配置や資料提示は異なるので注意しておきたい。

Let's Try 4

●以下のミーティングでは，どのような会議室と座席の配置が適当か，また，資料はどのような方法で提示したらよいか，まとめてみよう。

① 高校のホームルーム（参加者40名）で，学園祭での模擬店の内容を決定するミーティング。
② 政治家が自分の政策を述べ，聴衆（参加者100名）に意見を聞くタウンミーティング。
③ 営業担当者（参加者8名）の，朝行う1日の行動計画の打ち合わせミーティング。

参 考 文 献

（書名の五十音順）

- KEE'S『アナウンサーの話し方レッスン』PHP研究所，2009
- 斉藤孝『1分で大切なことを伝える技術』PHP研究所，2009
- NHK出版編『NHKアナウンス実践トレーニング』日本放送出版協会，2005
- 大窪久代ほか『オフィスライフとプレゼンテーション』樹村房，2002
- 藤村正宏『企画書・提案書の書き方がかんたんにわかる本』日本能率協会マネジメントセンター，2009
- 半谷進彦・佐々木端『基礎から学ぶアナウンス』日本放送出版協会，2009
- 中村芙美子ほか『キャンパスライフとプレゼンテーション』樹村房，2002
- 大山良徳『研究発表・論文のまとめ方』ぎょうせい，1983
- 水原道子・谷允之『こんなとき どうする 接客の実務』樹村房，2006
- 黒田廣美ほか『実践オフィスワーク』樹村房，2004
- 三宅隆之『実践プレゼンテーション入門』慶應義塾大学出版会，2006
- PHP研究所『就職活動ガイドブック』PHP研究所，2008
- 山﨑紅『情報利活用プレゼンテーション』日経BPソフトプレス，2010
- NPO法人 日本話しことば協会『話しことば検定3級，2級テキスト』2008, 2007
- ビジネス実務技能検定協会『ビジネス文書技能検定完全克服』早稲田教育出版，1996
- 日本能率協会マネジメントセンター編『ビジネス文書の書き方がかんたんにわかる本』日本能率協会マネジメントセンター，2009
- 可視化情報学会編『ビジュアルプレゼンテーション』朝倉書店，1998
- 三谷耕司『ビジュアル・プレゼンテーション』日本実業出版，1990
- 上村和美・内田充美『プラクティカル・プレゼンテーション』くろしお出版，2005
- 大島武ほか『プレゼンテーション概論』樹村房，2009
- 小林敬誌・浅野千秋『プレゼンテーション技法＋演習』実教出版，1996
- 池内健治ほか『プレゼンテーション能力育成マニュアル』日本ビジネス実務学会，2001
- 加藤浩『プレゼンテーションの実際』培風館，2001
- 大畠常靖『プレゼンテーション能力のみがき方』同文館，1995
- 山﨑紅『Microsoft Office PowerPoint 2007 セミナーテキスト活用編』日経BPソフトプレス，2008
- 藤沢晃治『分かりやすい説明の技術』講談社，2002
- 吉田たかよし『わかりやすい話し方の技術』講談社，2005
- 河田聡『論文・プレゼンの科学』アドスリー，2010

[執筆者]

| 伊藤　宏 | 和歌山信愛女子短期大学　教授 | 〈編著者〉 |
| 福井　愛美 | 神戸女子短期大学　教授 | 〈編著者〉 |

西尾　宣明	プール学院大学短期大学部　教授
服部　美樹子	大阪学院短期大学　教授
水原　道子	大手前短期大学　教授
中山　順子	長浜バイオ大学　講師

プレゼンテーション演習

平成23年6月3日　初版第1刷発行
平成28年4月1日　第4刷

検印廃止

編著者 © 伊藤　宏
　　　　福井　愛美

発行者　大塚　栄一

発行所　株式会社 樹村房
〒112-0002
東京都文京区小石川5丁目11番7号
電話　東京 03-3868-7321
FAX　東京 03-6801-5202
http://www.jusonbo.co.jp/
振替口座　00190-3-93169

組版・デザイン／BERTH Office
イラスト／大毛里紗（BERTH Office）
印刷・製本／亜細亜印刷株式会社

ISBN978-4-88367-213-4
乱丁・落丁本はお取り替えいたします。